2016

焦点调研

中电联重大调研成果

中国电力企业联合会◎编著

2020

中国电力出版社
CHINA ELECTRIC POWER PRESS

内 容 提 要

本书为 2016—2020 年中国电力企业联合会围绕电力发展重大问题开展的调查研究成果汇编。本书收录了中国电力企业联合会第六届理事会以来完成的重大调研报告 29 篇，按照电力发展问题的重要关注点，分为电力规划、电力系统优化、电力市场化改革、煤电清洁高效利用、新能源发展与消纳、碳市场建设、电力企业经营七个专题。全书涵盖了我国"十三五"电力发展重点和难点问题，展示了电力发展特点，剖析了电力发展矛盾，揭示了电力发展规律。

本书可供电力行业行政主管部门决策者、电力企业管理者、电力行业专家学者，以及广大电力工作者参考使用。

图书在版编目（CIP）数据

焦点调研 : 中电联重大调研成果 : 2016—2020 / 中国电力企业联合会编著 .
— 北京 : 中国电力出版社 , 2020.11
　　ISBN 978-7-5198-5136-1

　　Ⅰ . ①焦⋯　Ⅱ . ①中⋯　Ⅲ . ①电力发展—调查研究—成果—汇编—中国—2016-2020
Ⅳ . ① F426.61

中国版本图书馆 CIP 数据核字（2020）第 220412 号

出版发行：中国电力出版社
地　　　址：北京市东城区北京站西街 19 号（邮政编码 100005）
网　　　址：http://www.cepp.sgcc.com.cn
责任编辑：冯宁宁（010-63412537）
责任校对：黄　蓓　常燕昆
装帧设计：赵姗姗
责任印制：吴　迪

印　　刷：三河市万龙印装有限公司
版　　次：2020 年 11 月第一版
印　　次：2020 年 11 月北京第一次印刷
开　　本：710 毫米 ×1000 毫米　16 开本
印　　张：18
字　　数：221 千字
定　　价：85.00 元

编委会

编辑部

前　言

　　中国电力企业联合会（以下简称"中电联"）第六届理事会（2016—2020）以习近平新时代中国特色社会主义思想为指导，认真贯彻落实"四个革命、一个合作"能源安全新战略，始终坚持"立足行业、服务企业、联系政府、沟通社会"功能定位，主动应对电力行业发展道路上的困难和挑战，不断加强行业高端智库建设，大力推进电力行业共性问题研究，为政府决策提供有益参考，为企业经营管理提供科学依据，为推动电力高质量转型发展做出了积极贡献。

　　2016 年以来，中国电力行业发生了突飞猛进的大变革。截至 2019 年年底，全国全口径发电装机容量 20.1 亿千瓦，全年发电量 73 269 亿千瓦·时，均位居世界首位；其中，非化石能源发电装机容量和发电量分别为 8.4 亿千瓦和 23 930 亿千瓦·时，占比分别达到 42.0% 和 32.7%，电力清洁低碳转型取得突出成就；市场化交易电量 28 344 亿千瓦·时，占电网企业售电量的 47.9%，电力市场化改革取得丰硕成果；电能在终端能源消费占比持续提高，电气化进程持续推进；"获得电力"指标国际排名跃升至第 12 名，用电营商环境显著改善。在全行业的共同奋斗下，电力为支撑经济社会高质量转型发展做出了卓越贡献。然而，这个发展进程又充满困难与挑战，电力现货市场试点建设艰难探索，清洁能源消纳的问题制约可持续发展，节能减排和应对气候变化压力巨大，电力企业经营形势严峻，煤电企业长期大面积亏损，都成为当前电力改革发展中不可回避的矛盾。为此，第六届理事会以来，中电联着眼于服务电力改革发展大局，围绕电力改革发展中的难点和焦点，积极探索构建清洁低碳、安全高效的现代电力工业体系，力争破解电力改革发展中的突出矛盾，提出电力高质量转型发展的若干政策建议，受到政府、企业和社会各界的广泛关注。这些重大调研均由中电联牵头组织，电力企事业单位共同参与，加强了产学研交流互动，也增进了社会各界对电力改革发展特点、难点以及规律的认识与理解。

本书收录了中电联第六届理事会组织开展的重大调研报告29篇，按照电力发展问题的重要关注点，分为电力规划、电力系统优化、电力市场化改革、煤电清洁高效利用、新能源发展与消纳、碳市场建设、电力企业经营七个专题，每个专题内容按照时间顺序编排，以方便读者阅读。

中国电力企业联合会

2020 年 10 月

目　录

第一篇

电力规划

西南水电开发及送出问题[1]

2015—2017 年，西南地区出现了严重弃水问题。为促进西南水电可持续发展，中电联组织开展了西南水电开发及送出问题调研，详细了解西南水电前期工作和开发规模、布局情况，分析了西南水电开发和送出面临的主要问题，并就流域发展规划、生态保护、移民安置、政策法规、电力消纳、输电方案、市场化改革等方面提出了政策及措施建议。2017 年 10 月，国家发展改革委印发了《关于促进西南地区水电消纳的通知》《解决弃水弃风弃光问题实施方案》，对促进西南水电科学发展做出一系列部署，西南地区弃水问题逐步得到缓解。

一、西南水电开发及送出规划

（一）西南水电资源

西南地区是我国水资源最丰富地区，理论蕴藏量占全国总量超过三分之二，其中：四川 1.54 亿千瓦，云南 1.04 亿千瓦，西藏 2.01 亿千瓦。技术可开发量 4.25 亿千瓦，占全国总量的 71%。截至 2016 年年底，我国西南地区水电装机容量 1.35 亿千瓦，西南地区开发程度仅为

---

[1] 中电联 2017 年重大调研课题

31.7%（按装机计算），西南地区水电开发潜力巨大（见图1）。

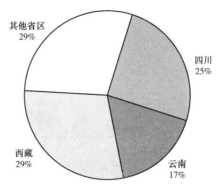

图1 西南地区水电技术可开发量占全国比重

（数据来源：中电联）

（二）西南水电流域规划建设与项目前期工作

西南水电资源主要集中在金沙江、雅砻江、澜沧江、怒江、雅鲁藏布江和大渡河的"五江一河"流域。

流域干流规划总装机约3.8亿千瓦，目前已建成7869万千瓦，在建项目4660万千瓦，尚有2.56亿千瓦水电未开发，待开发水电占比超过67%。

西南地区水电项目储备超过6000万千瓦，涉及在建水电和其他支流水电建设，2017—2030年西南水电预计可新增投产1.2亿千瓦，届时西南水电将达到2.6亿千瓦。

（三）西南水电市场消纳和输电规划

西南三省区预计2020年全社会用电量4430亿千瓦·时，2030年达到6560亿千瓦·时，总的来看，西南地区水电开发规模大，但自身用电负荷小，市场空间有限，难以就地消纳，需要大规模外送。2016年西南水电"西电东送"规模为5080万千瓦，预计2017—2030年需要新增外送电力约 6900 万千瓦，到 2030 年，外送规模达到 1.2 亿千瓦。

从受端地区电力消纳空间看，华中东部、华东地区、两广地区、华北京津冀鲁地区 2030 年市场空间约为 2.91 亿千瓦。2030 年西南外送水电规模仅占东中部地区电力消纳市场空间的 24%，东中部地区完全具备接纳西南水电的能力。

四川外送水电 2460 万千瓦。"十三五"期间将建设雅中特高压直流工程，送电 1000 万千瓦，"十四五"初期建成白鹤滩特高压直流工程，送电 1600 万千瓦。到 2030 年，外送规模超过 5000 万千瓦。云电外送能力 2620 万千瓦。"十三五"建设滇西北特高压直流工程，送电 500 万千瓦，建设乌东德电站直流工程，送电 800 万千瓦。到 2030 年，外送规模近 4000 万千瓦。2030 年前，藏东南水电开发 3000 万千瓦，全部考虑外送（见表 1）。

表 1　西南地区水电开发及外送规模　　　　单位：万千瓦

省区	2016 年		2020 年		2030 年	
	水电装机规模	水电外送规模	水电装机规模	水电外送规模	水电装机规模	水电外送规模
四川	7246	2460	8046	3460	13 250	5060
云南	6096	2620	7236	3120	9960	3920
西藏	156	0	210	0	3300	3000
合计	13 498	5080	15 492	6580	26 510	11 980

（数据来源：中电联）

（四）加快西南水电开发的重要意义

西南水电开发取得了巨大成绩，水电装机规模不断跃升，在保障能源供应和清洁发展方面发挥了重要作用；水电技术能力实现跨越，成为我国在国际市场上具有较强竞争力的行业；落实国家西部大开发战略，给国民经济和社会发展带来巨大的综合效益。

习近平总书记在"十九大"报告中指出,"推进能源生产和消费革命,构建清洁低碳、安全高效的能源体系";要求"优化区域开放布局,加大西部开放力度""强化举措推进西部大开发形成新格局"。加快西南水电建设,对于促进藏区加快发展,推进我国能源结构优化,拉动经济增长,改善东中部地区环境质量,服务"一带一路"建设具有重要意义,也是实现西南及藏区经济社会充分发展、落实国家节能减排和非化石能源发展目标的重要途径。

二、西南水电发展面临的主要问题

(一)西南水电弃水问题突出

四川省 2016 年弃水电量 140 亿千瓦·时(调峰弃水),云南省 2016 年弃水电量 314 亿千瓦·时(装机弃水)。弃水原因:一是用电增长下滑,市场消纳总量不足。"十二五"期间,四川电网新投产电源 4449 万千瓦,而最大负荷五年仅增长约 1000 万千瓦,新增水电难以就地消纳。二是水电装机比重大,自身调节能力差,2016 年四川水电装机 7246 万千瓦,占全省总装机比重达到 80%,其中,具有季调节和年调节水库电站装机仅占水电装机的 36%,丰枯期出力比例达到 7:3,丰水期大量水电富余。三是跨区输电通道能力不足。"十二五"期间,四川水电需要新增外送能力近 3000 万千瓦,"十二五"实际新增外送能力仅 1520 万千瓦,无法满足四川水电外送需要。四是市场消纳机制不完善,一些受端省份接纳西南水电意愿下降;部分地方电力市场交易规则明显保护当地电源,省间壁垒明显。

(二)流域统筹规划和管理薄弱

一是龙头电站造价高,梯级补偿机制缺位,导致龙头电站建设滞后，影响全流域梯级水电利用效率。在金沙江流域龙盘水电站（龙头电站）未建的情况下，现有金沙江中游六级梯级水电汛枯出力比仅为8：2。二是流域统筹开发和优化调度机制缺失，流域梯级电站开发方案难以做到整体效益最优。全流域各电站水雨情测报、防洪、蓄水、发电计划编制、运行调度协调难度大，致使流域梯级水电站群整体经济效益不高。三是流域环境管理工作统筹不够，相关环境管理工作各项目单位分散组织实施，产权归属、管理责任不明晰，造成部分设施重复投入、项目批复迟缓、验收滞后等问题。

（三）移民安置主体责任不强、规划缺乏约束

一是移民安置实施的主体责任不强，缺少约束、考核、监督机制，导致移民管理工作成效低，工程推进困难。移民搬迁安置实施进度普遍滞后于主体工程建设进度，已成为制约水电工程建设顺利推进的主要因素。二是移民安置规划缺乏严肃性，移民安置方案调整、设计变更较为普遍，人为提高标准和推迟工期等情况时有发生，移民投资控制和概算收口艰难，安置投资大幅提高。以溪洛渡、向家坝水电站建设为例，移民安置实际投资超出概算470亿元。三是移民安置资金筹措渠道单一，水电企业现金流难以覆盖还本付息、运营成本和移民逐年补偿费用，难以满足移民的长期生活保障和发展需求。

（四）税费政策和管理制度不尽合理

一是水电企业承担的税负过高，国家对水电即征即退的优惠政策到期后，水电行业增值税实际税负将恢复到16.5%左右，即使"营改增"后，水电行业增值税负预计仍然在13%以上，远高于风电、光伏发电8%左右的水平。二是水电是火电替代、节能减排最高效、最优质的可再生能源，但水电未被纳入可再生能源电力配额制和绿色证书交易机

制，未享受国家可再生能源优惠政策。三是对水电企业收取水资源费不尽合理。按照国家文件规定，对水电项目征收库区基金和水资源费，库区基金为 0.008 元/（千瓦·时），水资源费由之前 0.005 元/（千瓦·时）上涨到 0.008 元/（千瓦·时）。水电站、水库等重要基础设施在水资源节约、保护和合理利用方面，发挥了显著作用。水电站发电并不消耗水资源，对水电企业收取高额水资源费不合理。

（五）后续水电开发成本提高，水电建设步伐明显放缓

一是随着后续水电开发难度的不断加大，水电建设成本大幅提高，加之电站公益性、政策性成本不断攀升，水电竞争力逐步下降。澜沧江上游梯级电站平均电价达到 0.386 元/（千瓦·时），高于云南省平均上网电价，送到广东后基本没有竞争力。二是现行政策已难以保障水电的合理收益，企业开发建设水电的积极性受到较大影响，水电投资已连续 4 年下降，2016 年全国完成水电投资 612 亿元，同比下降 22.4%，投资完成额仅为 2012 年的一半，水电建设步伐明显放缓。根据水电发展规划，预计"十三五"期间，水电新增投产 4349 万千瓦，至 2020 年，全国水电装机达到 3.4 亿千瓦，"十三五"年均增速不到 3%。三是优质水能项目迟迟不能开工建设。以怒江流域为例，历时十几年时间，围绕生态环境保护等方面进行了系统的研究论证，各项技术、经济指标优越，是我国目前开发条件最好、经济技术指标最优的待开发河流，目前尚未列入国家能源发展规划，各项目前期工作难以推进。

三、政策与措施建议

（一）加强规划引导和全局统筹，实现水电在更大范围内消纳

一是加强统一规划，明确水电的消纳方向，合理确定外送规模，确

保水电开发与外送通道同步规划、同步核准、同步建成;限制或推迟受端地区电源开工规模,做好各类电源、电源与电网发展的合理衔接。尽快核准建设水电基地外送通道。二是加强电网互联互通和水火互济输电通道规划和建设。优化同步电网格局,加强西南、西北电网联网;充分利用西南地区毗邻东南亚的地缘优势和周边各国电源上网电价普遍偏高的竞争优势,大力推进与东南亚电网互联互通项目。三是完善市场交易协调机制,按照全国电力统一优化配置原则,采取"计划+市场"的交易模式,落实西南水电消纳市场;组织享有优先发电权的水电企业与电网企业、售电企业签订中长期购售电合同,将优先发电计划电量转化为合同电量确保落实,计划外电量可以由发电企业通过市场化交易的办法,鼓励利用富余水电边际成本低的优势,加大水、火电置换力度和收益分享制度,增加水电本地消纳和外送。在市场交易规则设计上,应充分考虑水电因承担公益性社会职能对其发电计划准确性和提供辅助服务能力的影响,并制定相应的偏差考核办法。理顺电价形成机制,加大执行丰枯、峰谷分时电价、两部制电价力度,提高各类电源综合利用效率。

(二)加强水电流域统筹规划建设,提高流域整体效益

一是建立水电站调节补偿机制,通过增配发电量指标或提取水库调节基金等方式补贴龙头水库电站,鼓励龙头电站建设,优化流域梯级电站蓄放水次序,提高流域整体效益。二是整合流域各企业,组建流域公司或进行资产置换,实现流域电站统一管理,优化流域梯级电站开发方案,组织制定水利、电力联合优化调度运行规程和技术标准,实现流域优化调度。三是对水库产权归属、水库管理权限依法明确,政府职能部门和水电企业对库区管理有法可依。立足流域或区域生态保护,进行统筹规划,明确水库产权归属,强化流域环境管理。

（三）强化移民管理，切实落实水电移民安置

一是制定移民安置条例实施细则，进一步明确各方责权利，建立移民工作国家跟进审计机制，制定移民工作目标责任考核办法，完善水电移民竣工验收规定，完善各环节检查、督促和考核评比、奖惩机制，促进移民工作主体责任的落实。二是制定库区和移民安置发展规划，强化规划实施的刚性和权威性。在整合库区基金、后扶资金、扶贫资金、水电税收资金的基础上，编制库区和移民安置区5年、10年和长期发展规划。三是创新管理模式，探索水电移民与水电资源捆绑建设的新模式：第一，探索水电移民与水电资源捆绑建设的新模式，将水电工程建设规划征地与水资源开发权打捆招商，给原住居民集体股权方式进行补偿，将水电移民安置投资与地方建设投资捆绑使用等，确保落实建设征地和移民安置政策。第二，研究跨省区移民外迁安置方式，针对西南地区涉及移民安置的区域，通过向土地资源较丰富或经济发达省区外迁安置，降低水电开发建设成本。第三，建立移民保障性电量、电价机制，根据各水电项目所承担移民费用，建立移民保障性电量（或电价）机制。

（四）完善水电税费政策，促进水电持续健康发展

一是参照风电、光伏、核电增值税优惠政策，水电行业增值税超过8%的部分，继续采用"即征即返"的优惠政策，作为国家支持水电开发的长期性政策，不设时间限制。二是修改《水资源费征收使用管理办法》（财综〔2008〕79号），对水电站免收水资源费，充分发挥水电站在防洪、灌溉、航运、供水等公益性作用，减轻企业经营成本。三是将水电纳入可再生能源配额制和绿证交易范畴。通过制定各省（区、市）电力消费总量中的可再生能源发电比重目标，明确各地区能源转型责任，打破省间壁垒，保障西南水电加快开发和在全国范围内消纳。通过绿证交易价格体现

水力发电的外部环境和社会效益，提升水电项目投资的积极性。

（五）加大金融政策支持力度，加快西南水电开发

一是给予藏区水电金融政策支持，西藏、川藏、滇藏段各流域梯级电站参照西藏内需项目，列入国家支持西藏经济社会发展的中央预算内投资补助范畴。研究表明，按照水电企业资本金内部收益率6%测算，分别采用中央财政贴息（贴息率3%）、贷款优惠利息（利息1.08%）、国家无偿拨款（拨款比例30%）三种方式，电价降低幅度达到10.6%、16%和30.3%。二是借鉴三峡基金经验，调剂部分重大水利工程建设基金用于西南贫困地区、少数民族地区水电开发。三是抓住当前电力供需缓和的有利时机，开工建设一批大中型水电站。"十三五"期间，重点开发大渡河中上游、雅砻江中游以及金沙江下游乌东德、白鹤滩和中游龙盘、两家人水电站，争取2020年西南水电装机规模达到1.6亿千瓦。四是将怒江流域开发纳入能源电力发展规划，与其他流域电站统筹推进。"十四五""十五五"期间，重点开发藏东南地区的怒江中下游、金沙江上游和澜沧江上游水电，加快雅鲁藏布江流域前期论证工作，力争2030年西南水电装机规模达到2.6亿千瓦，届时全国水电装机达到4.5亿千瓦。

课题组长 杨昆

主要成员 安洪光 张琳 刘贵元 姜锐 雷晓蒙 孔祥博

协作单位 国家电网有限公司 中国南方电网有限责任公司

中国华能集团有限公司 中国大唐集团有限公司

中国华电集团有限公司

中国国电集团公司（现为国家能源投资集团有限责任公司）

中国长江三峡集团有限公司 水利水电规划设计总院

"十三五"规划中期评估及滚动优化研究[1]

为配合国家电力发展"十三五"规划优化调整，中电联组织开展了电力"十三五"规划中期评估及滚动优化研究，对影响电力高质量发展的有关重大问题进行了深入分析，提出了优化电力"十三五"规划的相关措施建议。部分建议纳入了国家能源局规划中期评估，调研报告提出的建设特高压重点项目、继续推进煤电灵活性改造、调增新能源发展目标等建议已在国家能源局文件和工作安排中得到体现。研究成果在部分企业、协会组织进行了宣讲，进一步扩大了影响。

一、电力发展"十三五"规划中期评估

（一）主要成绩

电力规模迈上新台阶。2017年，全社会用电量达到6.36万亿千瓦·时，发电装机达到17.8亿千瓦。110千伏及以上线路合计134万千米，变电容量107亿千伏·安。我国人均装机达到1.28千瓦，年人均用电量约4538千瓦·时，均为世界平均水平的1.5倍。

结构调整取得新成绩。非化石电源装机占比从2015年年底的

---

[1] 中电联2018年重大调研课题

34.2% 提高到 38.7%，非化石能源在一次能源消费中的比重从 12.0% 提高至 13.8%，非化石能源发展已经进入大规模"增量替代"阶段。

节能减排达到新水平。"十三五"前两年累计关停小火电机组约 1000 万千瓦。两年累计实施节能改造约 3 亿千瓦，煤电机组平均供电煤耗由 2015 年的 318 克标煤／（千瓦·时）降至 312 克标煤／（千瓦·时）。2017 年电力行业烟尘、二氧化硫、氮氧化物等污染物累计排放总量较 2015 年减少 160 万吨。

技术创新取得新突破。核电、超超临界发电、新能源发电取得积极进展。±800 千伏特高压直流输送能力从 640 万千瓦提升至 1000 万千瓦；±1100 千伏、1200 万千瓦准东—皖南特高压直流工程、世界首个特高压多端混合直流工程乌东德电站送广东、广西工程开工建设。

国际合作开拓新局面。在 52 个"一带一路"沿线国家开展投资业务和项目承包工程，"十三五"前两年承担大型承包项目 314 个，合同金额达 581 亿美元，带动了我国发电及输变电技术、装备、标准、金融走出去，成为"一带一路"投资亮点。

电力改革开启新篇章。各省输配电价完成核定，增量配电业务试点已开展三批次、291 个项目。市场交易机制逐步完善，电力市场交易规模增长迅猛。

（二）"十三五"电力规划执行情况

经过"十三五"两年发展，有关重要目标（指标）按计划推进或超额完成，部分目标需要结合落实中央新要求，适应发展新形势，及时作出优化调整。

电力供需。"十三五"前两年，全社会用电量年均增长 5.7%，高于规划预期增速区间（3.6%～4.8%）。全国发电装机容量年均增长 7.9%，高于规划预期年均增速（5.5%）。

电源结构。2017 年年底，非化石能源发电装机占比达到 38.7%，比 2015 年提高 3 个百分点，距离规划目标（2020 年占比 39%）不到 1 个百分点；非化石能源发电量占比由 2015 年的 27% 提高到 30%，距离规划目标（2020 年占比 31%）仅差 1 个百分点。电源装机中，太阳能发电提前 3 年超额完成 1.1 亿千瓦目标，核电两年累计增加 900 万千瓦，滞后规划进度。

电网建设。"十三五"前两年，全国基建新增 500 千伏及以上交流输电线路长度 2.47 万千米、变电设备容量 2.77 亿千伏·安，分别完成 2020 年规划目标的 27%、30%。纳入国家大气污染防治行动计划的特高压交直流工程全面建成。

调节能力。截至 2017 年年底，全国抽水蓄能电站装机容量 2869 万千瓦，完成新增目标 1700 万千瓦的 1/3。"十三五"规划的火电机组灵活性改造，得到较好执行，尤其东北地区同步出台辅助服务补偿办法，灵活性改造进展顺利，调峰能力达到国际先进水平。

节能减排。2015—2017 年，煤电机组平均供电煤耗从 318 克标煤/（千瓦·时）降至 312 克标煤/（千瓦·时）〔规划提出 2020 年降至 310 克标煤/（千瓦·时）〕；电网综合线损率从 2015 年的 6.64% 降至 2016 年的 6.49%、2017 年的 6.42%，提前实现规划目标（2020 年控制在 6.5% 以内）（见表 1）。

表 1 "十三五"电力发展主要目标及完成情况

类别	指标	2015 年（实际）	2017 年（实际）	2020 年（目标）	2015—2017 年完成情况
电力总量	总装机（亿千瓦）	15.3	17.8	20	超过规划进度
	西电东送（亿千瓦）	1.4	2.3	2.7	超过规划进度
	全社会用电量（万亿千瓦·时）	5.69	6.3	6.8～7.2	超过规划预期
	电能占终端能源消费比重（%）	25.8	26.3	27	符合规划进度
	人均装机（千瓦/人）	1.11	1.28	1.4	符合规划进度
	人均用电量（千瓦·时/人）	4142	4538	4860～5140	符合规划进度

续表

类别	指标	2015 年 （实际）	2017 年 （实际）	2020 年 （目标）	2015—2017 年 完成情况
电力结构	非化石能源消费比重（%）	12	13.8	15	符合规划进度
	非化石能源发电装机比重（%）	35	38	39	超额完成目标
	常规水电（亿千瓦）	2.97	3.13	3.4	滞后规划进度
	抽蓄装机（万千瓦）	2303	2869	4000	滞后规划进度
	核电（亿千瓦）	0.27	0.36	0.58	滞后规划进度
	风电（亿千瓦）	1.31	1.64	2.1	符合规划进度
	太阳能发电（亿千瓦）	0.42	1.3	1.1	提前超额完成
	化石能源发电装机比重（%）	65	62	61	超过规划预期
	煤电装机比重（%）	59	55	55	符合规划进度
	煤电（亿千瓦）	9	9.8	<11	符合规划进度
	气电（亿千瓦）	0.66	0.76	1.1	滞后规划进度
	生物质能发电（万千瓦）	1031	1700	1500	提前超额完成
节能减排	煤电机组平均供电煤耗 ［克标煤／（千瓦·时）］	318	312*	<310	符合规划进度
	线路损失率（%）	6.64	6.42	<6.50	提前超额完成
民生保障	充电设施建设（万个）	—	45	满足 500 万辆 电动车充电	符合规划进度
	电能替代用电量（亿千瓦·时）	—	1264	4500	符合规划进度

注：* 2017 年全国煤电机组平均供电煤耗是根据火电机组平均供电煤耗推算得出。
（数据来源：中电联）

二、电力高质量发展几个关键问题及规划调整建议

（一）关于电力需求预测

我国总体还处于工业化后期、城镇化快速推进期。与发达国家相比，我国人均用电量还处于相对低位，特别是第三产业和居民用电占比仅为28%，随着电气化进程加快，"电能替代"持续推进，未来我国电

力需求还有较大增长空间。

建议适度调高电力需求目标。将 2020 年全社会用电量预期目标调增至 7.6 万亿千瓦·时左右。"十三五"期间电力需求年均增长达到 5.9%，电力消费弹性系数达到 0.92，到 2020 年，年人均用电量达到 5200 千瓦·时左右，接近中等发达国家水平。预测 2035 年，全社会用电量将达到 11.4 万亿千瓦·时，2020—2035 年年均增速 2.8%，人均用电量相当于 OECD 国家 20 世纪 80 年代水平（见表 2）。

表 2　中长期电源规划　　　　　　　　单位：亿千瓦

规划＼年份	2015 年	2017 年	2020 年	2025 年	2030 年	2035 年
总装机	15.25	17.77	21	27	32	36
常规水电	2.97	3.13	3.44	4.07	4.6	4.8
抽水蓄能	0.23	0.29	0.3	0.68	0.89	1.11
核电	0.27	0.36	0.53	0.89	1.37	2.07
风电	1.31	1.60	2.2	3.5	5.0	6.0
太阳能发电	0.42	1.30	2.0	3.10	4.30	6.0
气电	0.66	0.76	0.95	1.79	2.35	2.74
煤电	9.00	9.80	11.0	12.40	13.0	12.8
生物质及其他	0.39	0.53	0.55	0.58	0.6	0.63
非化石能源发电装机比重（%）	35	38	41	46	51	55

（数据来源：中电联）

（二）关于水电开发和消纳

西南水电开发潜力巨大，待开发水电占比超过 67%，水电开发程度远低于发达国家水平，近几年水电新开工项目明显减少，水电投资呈现下降态势。

西南水电开发和消纳也暴露出一些问题。一是弃水现象较为突出。二是流域统筹规划和管理较为薄弱。三是移民安置主体责任落实不到位，规划约束性不强。四是税费政策不尽合理，水电企业承担的税负过高。五是后续水电开发难度不断加大，政策性成本不断攀升，水电竞争力逐步下降。

要实现水电发展目标，必须统筹施策，促进西南水电高质量发展，需要加强统一规划和统筹协调，实现水电在更大范围内消纳；加强水电流域统筹规划建设，提高流域整体效益；强化移民管理，切实落实水电移民安置；完善水电税费政策，促进水电企业健康发展；加大金融政策支持力度，加快西南水电建设。

建议水电装机仍保持 2020 年 3.4 亿千瓦的发展目标。"十三五"及以后还须开工建设一定规模的水电。加快怒江中下游、金沙江上游和澜沧江上游水电开发建设，加快雅鲁藏布江流域前期论证工作，统筹推进各流域水电开发，力争 2035 年水电装机达到 4.8 亿千瓦。

（三）关于新能源开发和布局

由于西部北部地区市场消纳有限、跨区电网输电能力不足、省间壁垒严重、市场交易制度不完善等诸多因素，新能源弃电问题十分突出。2017 年以来，政府方面，建立可再生能源目标引导制度，启动绿色证书交易机制，制定解决弃水弃风弃光问题实施方案等；企业方面，实施全网统一调度，开展煤电灵活性改造和辅助服务试点，开展临时现货交易等。通过各方共同努力，弃风弃光问题有所改善，但问题依然严重，全年弃风电量 419 亿千瓦·时、弃光电量 73 亿千瓦·时。

解决新能源消纳问题的关键是提高系统调节能力。新能源发电具有随机性、波动性和间歇性，高比例接入电力系统后，增加了系统调节的负担，传统电源不仅要跟随负荷变化，还要平衡新能源的出力波动。

新能源发展要坚持集中式和分布式并举，综合考虑资源禀赋、开发条件、技术经济、投入产出等因素，在西部北部实施清洁能源大规模集约化开发，在东中部实施分布式电源灵活经济开发，依托大电网实现各类集中式和分布式清洁能源高效开发、配置和利用。

建议调增新能源发展目标。将 2020 年风电、太阳能装机目标由 2.1 亿、1.1 亿千瓦调整为 2.2 亿、2.0 亿千瓦。多措并举解决新能源消纳问题，尤其是加快系统综合调节能力建设，2035 年风电、光伏装机均达到 6.0 亿千瓦。

（四）关于煤电的市场定位和发展原则

长期以来，煤电装机一直是我国主体电源。燃煤发电经济性优势明显，是长期支撑我国低电价水平的重要因素。我国燃煤发电减排技术处于世界先进行列。电力行业消费五成煤炭的体量，但在全国污染物排放总量中占比仅为一成左右，电力大气污染物排放得到了有效控制，碳排放压力持续加大。

随着新能源加速发展和用电特性变化，系统对调峰容量的需求将不断提高。我国具有调节能力的水电站少，气电占比低，煤电是当前最经济可靠的调峰电源。煤电在系统中的定位将逐步由电量型电源向电量和电力调节型电源转变。

未来我国煤电发展应坚持"控制增量、优化布局"的原则。控制增量，即严控新增规模，防范煤电产能过剩风险，以绿色低碳电力满足电力供应。优化布局，即在西部北部地区适度安排煤电一体化项目，缓解煤电矛盾；严控东中部地区煤炭消费增长，要通过"等量替代"方式安排煤电项目。

建议 2020 年煤电装机目标继续控制在 11 亿千瓦左右。各地区严格落实国家防范和化解产能过剩要求。电力缺口优先考虑跨省（区）电力互济，同时加强需求侧管理，合理错、避峰。力争 2030 年煤电装机目标控制在 13 亿千瓦左右，达到峰值。

（五）关于气电发展方式

我国天然气资源严重不足。人均天然气探明剩余可采储量仅相当于世界平均水平的十分之一。天然气发电成本高。气价对发电成本影响很大，我国发展气电不具有成本优势。长期以来，我国气电发展方式不合理，调峰优势尚未充分发挥。热电联产占比高，截至 2017 年年底，全国气电装机 7629 万千瓦，其中 70% 以上是热电联产项目。

建议落实天然气电站发展方式。2020 年装机达到 0.95 亿千瓦，要进一步采取措施，将发展调峰电源作为气电主要发展方向，重点布局在气价承受能力较高的东中部地区和在新能源快速发展的西北地区。同时，鼓励发展分布式气电。

（六）关于安全发展核电

我国核电装机和发电量占比较低。截至 2017 年年底，我国核电机组总容量 3500 万千瓦，约占全国总装机的 2%；全年核电发电量 2475 亿千瓦·时，约占总发电量的 3.9%。到目前为止，欧盟 27 个成员国中有 14 个国家拥有核电，占欧盟总发电量的 27%，贡献 50% 的低碳电源。

核能发电技术成熟、低碳高效，在能源转型中发挥不可替代的关键作用。加快核电建设，才能有效控制煤电规模。

建议调减核电发展目标，增加核电开工规模。考虑目前核电建设进度情况，建议将 2020 年发展目标由原规划的 5800 万千瓦调减为 5300 万千瓦。为保证电力供应，在国家层面尽快确定我国核电发展路线，加快沿海及内陆的核电建设，每年核准建设 8 ~ 10 台机组。

（七）关于电力电量平衡和电力流

我国政府承诺，到2020年、2030年，非化石能源占一次能源消费比重分别达到15%、20%，2030年前后碳排放达到峰值。结合上述电力需求预测、各类电源发展思路和原则，电源结构持续优化，非化石能源发电装机和发电量快速增长。2035年非化石能源将成为电力供应的主导电源。2020年，全国发电总装机达到21亿千瓦，其中非化石能源发电装机8.8亿千瓦，占比为41%，发电量占比为33%。2035年，全国发电总装机36亿千瓦，其中非化石能源发电装机20.3亿千瓦，占比为57%，发电量占比达到50%。

未来很长时间内，东中部都是我国电力消费的主要区域，2020年、2030年东中部用电量比重为65.4%、62.5%。加快西部北部清洁能源基地开发，压减东中部地区煤炭消费总量，能源开发重心不断西移、北移，大规模、远距离输电至东中部负荷地区是必然要求。

建议加大西电东送电力流规模。2020年西电东送电力流规模由2.7亿千瓦提高到3.0亿千瓦左右。

（八）关于电网发展

目前我国区域电网特高压主网架正处于完善过程中，特高压交流发展滞后，电网"强直弱交"结构性矛盾突出，多直流、大容量集中馈入和核心区域500千伏短路电流超标问题，给电网安全运行带来风险，影响电网输电效率。跨省（区）资源优化配置能力不足。保障电力供应，实现清洁发展目标，急需加快推进一批特高压跨省（区）输电工程。智能配电网发展基础薄弱。城市配电网发展滞后，与国际先进水平相比还有明显差距，农网历史欠账较多，县级电网结构薄弱。

建议提升电网本质安全水平和资源配置能力。建设华中特高压环网工程，适时推进华北—华中联网加强工程、区域电网联网工程，消除电网安全隐患。增加青海—河南特高压直流工程，张北—雄安（北京西）特高压交流工程，云贵互联通道工程，2020年前建成投产。积极推进白鹤滩、金沙江上游水电和新疆、陇（东）彬（长）等综合能源基地特高压直流输电工程。高质量发展智能配电网。加强城镇配电网建设，提升质量和效益，大力推进农村电网改造升级，提高配电网智能化水平。加强国际能源电力合作，与相关国家建立跨境电力互联合作机制，开展与东北亚、东南亚等重点地区的电力联网规划研究和项目可行性研究，加快与周边国家电网互联互通。

（九）关于综合调节能力建设

优先实施煤电灵活性改造，加大抽水蓄能和气电调峰电源建设，积极推进储能技术商业化运营，加强需求侧管理，引导用户科学用电，能够满足我国新能源大规模开发的需要。

实施煤电灵活性改造是提高系统调节能力的现实选择。目前，储能技术成熟度、经济性，尚不具备大规模商业化应用条件，抽水蓄能电站受站址资源约束，且经济性差（单位千瓦投资约6000元），气电受气源、气价限制，不具备大规模建设条件。煤电灵活性改造技术成熟，每千瓦改造费用约120～400元，国内部分电厂已开始深度调峰改造试点，取得了预期效果。

建议加强调峰能力建设，提升系统灵活性。实施煤电灵活性改造要按照分地区、分机组容量有序实施，对于新能源消纳困难的"三北"地区，30万千瓦及以下、部分60万千瓦煤电机组进行灵活性改造，并同步出台辅助服务补偿机制。深化电力需求侧管理。发挥信息化系统优势，强化智能电网系统平台建设、电能服务产业培育，提升电力用户侧灵活性；扩大峰谷分时电价实行范围，制定科学、合理的峰谷分时电价。

（十）关于电力改革和市场化建设

电力市场是实现全国电力资源优化配置的软通道。我国电力市场化改革取得积极进展，但省间壁垒问题依然突出、电力价格形成机制不完善，制约了电力资源大范围配置的效率。

建议健全完善政策机制。加快建立透明高效的全国和省级电力市场平台，打破省间壁垒，充分发挥市场在能源资源配置中的作用。健全辅助服务机制，通过市场化手段，充分调动电力企业和用户参与辅助服务的积极性。完善并启动煤电联动机制，合理疏导煤电企业发电成本。制定落实灵活电价政策，积极促进电能替代。

课题组长　杨昆

主要成员　安洪光　张琳　刘贵元　姜锐　李艺　杨丹

协作单位　国家电网有限公司　中国南方电网有限责任公司

　　　　　　中国华能集团有限公司　中国大唐集团有限公司

　　　　　　中国华电集团有限公司　国家能源投资集团有限责任公司

　　　　　　国家电力投资集团有限公司　中国长江三峡集团有限公司

　　　　　　粤电集团有限公司（现为广东省能源集团有限公司）

　　　　　　浙江省能源集团有限公司　全球能源互联网发展合作组织

　　　　　　内蒙古电力（集团）有限责任公司

我国核电发展问题[1]

为落实国家能源电力发展战略和规划，促进核电持续健康发展，中电联组织开展了我国核电发展研究，针对近三年国家未核准核电项目，及时从电力行业角度提出加快发展核电的建议，提出核电中长期发展目标和政策建议。调研报告提出在碳排放约束背景下，核电在保障电力供应安全、促进能源结构转型升级中发挥重要作用，将贡献28%的低碳电源，是煤电早日达峰的关键要素。调研报告报送国家有关部委，相关成果得到核电相关领域协会和企业的认可。

一、核电发展概况

（一）世界核电发展概况

据国际原子能机构（IAEA）统计，截至2017年年底，全球在运核电机组448台，总装机容量3.9亿千瓦，分布在30个国家或地区。2017年，全球核电发电量2.5万亿千瓦·时，占全球发电总量10.6%，其中法国核能发电占全国总发电量高达71.6%。

---

[1] 中电联2018年重大调研课题

（二）我国核电发展情况

在党中央、国务院的正确领导下，我国核电在 40 多年间经历了起步、适度发展、快速发展和安全高效发展四个阶段，取得了显著成绩。截至 2018 年 11 月，我国在运核电机组增至 42 台，装机 4177 万千瓦，位列世界第三。2017 年，核电发电量 2476 亿千瓦·时，占全年总发电量的 3.9％。目前，我国在建核电机组 14 台，装机 1631 万千瓦，在建机组容量世界第一。在核电技术方面，在运、在建三代核电机组达到 10 台，浙江三门、山东海阳核电并网运行；广东台山 EPR 机组完成热试，继续领跑全球 EPR 首堆；福建福清、广西防城港"华龙一号"首堆示范工程全面开工（见表 1、图 1）。我国成为继美国、法国、俄罗斯、韩国之后，又一个拥有独立自主三代核电技术的国家。

表 1　2017 各省核电发展情况表

指标　　　省份	辽宁	江苏	浙江	福建	广东	广西	海南	全国
装机容量（万千瓦）	448	212	656	871	1046	217	130	3581
装机占比（％）	9.2	1.8	7.4	15.6	9.6	5.0	16.8	2.02
2017 年发电量 [亿·（千瓦·时）]	236	173	511	560	802	127	75	2483
发电量占比（％）	13.2	3.5	15.2	25.6	18.4	9.4	24.4	3.9
平均负荷因子	0.60	0.93	0.89	0.80	0.89	0.67	0.65	0.81

（数据来源：中电联）

我国核电具有坚实的发展基础。形成了涵盖铀资源保障、工程设计、工程管理、设备制造、建设安装、运行维护、核燃料制造和放射性废物处理设施等完整的核电发展产业链和保障能力，为我国核电安全高效发展打下了坚实基础。一是始终保持了良好的运行记录。未发生国际核事件二级及以上的运行事件。与世界核电运营者协会规定的性能指标

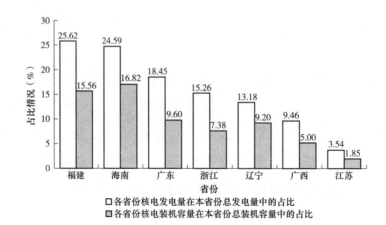

图1 2017年各省核电发电量及装机容量在本省占比

（数据来源：中电联）

对照，我国运行机组80%的指标优于中值水平，70%达到先进值，与美国核电机组水平相当，且整体安全指标逐年提升。二是建立了铀资源保障体系。国内企业开展铀资源海外开发和天然铀采购取得突破性进展，形成了"国内生产、海外开发、国际贸易"三条渠道并举的天然铀保障体系。三是形成了自主创新和设计能力。建成了具有国际水平的大型核动力技术试验基地，具备了以我国为主设计建设百万千瓦级压水堆核电站的能力，为"华龙一号"和"国和一号"（CAP1400）等三代核电技术进步和后续发展提供有力保证。四是形成一批技术精湛、工程建设管理先进的建设队伍。30多年来，我国不间断地开展了从30万千瓦到170万千瓦商用核电厂的建设，覆盖二代、三代压水堆及具有四代特征的高温气冷堆建造技术和管理模式，拥有国际一流的先进核电建设经验和能力。五是形成了核电设备制造的综合实力。形成以中国一重、中国二重、上海重工为产业龙头的大型铸锻件和反应堆压力容器生产制造基地，以上海、四川、东北为代表的三大核电装备制造基地，具备了制造核电机组大部分设备的能力，关键设备和材料自主化、国产化水平稳步提升，国产化率已达85%以上，整体上达到每年制造8～10套核电机组的能力。六是培养造就了一支核电科技人才队伍。建立了比较完备的核电人才培养体系，培养了电站生产、运行、管理等各方面的核电人才，为我国核电可持续发展奠定了人才基础。七是建立了适应核电发展需要的核安全监管机构。形成了一支独立的核安全监管技术队伍，核安全保障贯穿于核电站各个环节。建立了核事故应急体系，为保障核电站安全和社会公共安全，开展了卓有成效的工作。

二、核电发展面临的机遇与挑战

（一）世界核电发展趋势

全球核电正逐渐走出日本福岛核事故的阴影，以三代技术为主的核电发展逐步复苏，核电装机容量呈现平稳上升的趋势。近 10 年，全球开工机组 76 台，并网机组 49 台。根据国际原子能机构、世界核协会、国际能源署等方面的预测，到 2050 年全球核电装机容量将达到 8.7 亿～10 亿千瓦。

世界各国核电政策虽然存在分化，但多数国家都积极支持发展核电。英国支持核电优先政策，批准了法中企业投资的欣克利角 C 核电项目。欧盟将发展核能作为重要战略目标，提出在 2025—2045 年将建成 1.22 亿千瓦的核电装机。日本将核能定位为"重要的基荷电源"，核电装机比例从 2017 年的不到 2% 提升至 2030 年的 20%～22%。俄罗斯出于战略考虑仍将强力发展国内外核电项目。阿联酋、白俄罗斯、孟加拉国作为从未运行过核电站的国家，已经开始建设国内首座核电项目。印度、土耳其、南非、沙特、巴西、阿根廷等地区强国，发展核能意愿十分强烈。美国国内建设核电积极性不高，但出口核电技术与中俄等国家展开竞争的意图明显。法国曾提出至 2025 年将核电占比下降到 50%，但后又表示推迟该计划。只有德国及意大利等少数国家宣布放弃核电。

（二）我国发展核电的重大意义

一是优化能源结构，保障能源供应安全。我国面临能源资源紧缺、能源结构单一、环境污染治理紧迫等问题，能源供应长期过度依赖煤炭资源，化石能源发电量占总发电量的比重长期在70%左右，能源供给侧结构不合理。核能是一种清洁能源，是减少环境污染、实现经济和生态环境协调发展的有效途径。加快核电发展，不仅能够满足用电持续增长的需要，还可以优化能源结构，减少化石能源消耗，改善环境质量。二是促进经济高质量增长，推动产业结构升级。核电项目投资大、建设周期长，对国民经济发展具有持续拉动作用。核电技术含量高、涉及产业多，对于冶金、材料、机械、电子仪器等相关配套产业的发展具有较强的带动作用，对于推动产业结构升级，培育和提升自主创新能力，促进经济高质量发展。三是推动核电"走出去"，服务"一带一路"建设。能源合作是"一带一路"倡议实施的重要领域，核电"走出去"是我国构建开放型经济新体制的重要组成部分。以"华龙一号"为代表的我国自主三代技术的国际竞争力不断增强，在全球70多个发展核电国家的市场中，我国核电"走出去"将大有作为。

（三）核电发展面对的挑战

一是公众对核电安全性的担忧和"邻避效应"日益凸显。公众的担忧和核恐惧是核电发展的制约因素，日本福岛核事故的发生，极大地刺激了公众的恐核心理，核电"邻避效应"日益凸显。二是建设拖期、部分标准缺失导致核电经济性受到影响。全球第三代核电建设普遍出现工期延误、建造成本增加等突出问题，部分涉核标准缺失，导致成本增加，使得核电的市场经济性面临着日趋艰巨的挑战。三是利用小时数、交易电价下降给核电发展带来压力。竞价上网、限制上网电量等措施的实施，使核电设备利用小时数连年下降（见图2），市场电量比例逐步上升，交易电价低于核电或煤电标杆电价，降低了机组利用水平和企业经济效益。四是核电技术与管理人才流失严重。近几年因开工不足对核电从业人员职业预期产生较大影响，核电人才流失较严重，一定程度上影响核电站正常工作的开展，也将使我国核电面临人才断层的危险，对我国核电的可持续发展带来不利影响。五是核电装备制造、设计、建设企业经营发展堪忧。我国每年新开工核电项目数量起伏较大，特别近两年无新项目核准，导致核电装备制造企业、工程公司、施工安装单位普遍存在产能闲置和核电业务经营困难状况，无法进一步开展自主研发和再创新。

图2　2008—2017年核电厂发电设备利用小时数

（数据来源：中电联）

三、核电在能源电力发展中的作用和定位

一是核电在保障电力供应安全、促进能源结构转型升级中发挥重要作用。我国核电装机和发电量占比较低，截至2017年年底，我国核电机组总容量3500万千瓦，约占全国总装机的2%，发电量占比仅为4%，远低于全球核电发电量平均占比的10.6%。我国电力需求还将经过较长的增长期。预计2020年，我国全社会用电量达7.6万亿千瓦·时左右，

"十三五"用电年均增速为 5.9%。2030 年全社会用电量将达到 10.5 万亿千瓦·时，2020—2030 年年均增速 3.0%。2035 年全社会用电量将达到 11.4 万亿千瓦·时，2030—2035 年年均增速 1.7%。核电发展空间大。建设核电可以有效地替代煤电装机，控制煤电建设规模并尽快达到峰值。在有序发展水电、大力发展风电和太阳能发电、控制煤电发展规模的基础上，为满足电力需求增长，还需要加快核电建设。根据目前核电建设情况，2020 年我国核电装机达到 0.53 亿千瓦。通过电力电量平衡计算，2030 年核电装机达到 1.37 亿千瓦，十年间每年需投运 6~8 台机组。届时，煤电机组有望控制在 13 亿千瓦并达到峰值。2035 年核电装机达到 2.07 亿千瓦，五年间每年需投运 8~10 台机组。核电占总装机 6%，占总发电量 15%，将贡献 28% 的低碳电源，我国非化石能源发电量有望全面超越化石能源。

二是核电相比于煤电和新能源发电具有一定优势。在环保方面，核电相比煤电，不排放二氧化碳等温室气体，不排放二氧化硫、氮氧化物等有害气体以及粉尘等污染物，与新能源发电一样，具有低碳环保的优势。在经济性方面，核电发电成本（含乏燃料处理成本）可以与脱硫煤电相竞争。2013 年起实施的二代改进型核电上网电价为 0.43 元/（千瓦·时），与东中部省份的煤电标杆电价相当。风电、太阳能发电成本虽然下降较快，不断接近煤电标杆电价，但要实现稳定的电力供应还需辅以储能的支持，考虑储能成本后，核电具有竞争力。在稳定性方面，核电能量密度高，出力稳定，负荷因子可以达到 93% 甚至更高，能够独立承担基本负荷。核电年发电小时数高达到 7800 小时，是风电的 3.75 倍，是光伏的 5 倍。

三是核电机组应以基荷运行为主。核电带基荷运行，可提高燃料利用效率，有利于节能减排，是各国通行的做法。基于电力系统中具有可调节能力的电源占比不高等因素，我国核电机组以带基荷为主，部分核电机组适度参与系统调峰运行。应建立和完善辅助服务补偿机制，核电企业可以通过购买调节容量、配套建设抽水蓄能电站等方式，以保障核电利用率处于较高水平。

四、促进核电安全高效发展的建议

一是确立核电战略地位，保持核电建设节奏。按照国家"两个一百年"奋斗目标，研究新时代核电发展战略规划，组织制定《2035年核电总体发展战略》，确定各阶段发展目标。持续加强自主研发创新，尽快突破关键设备、部件瓶颈，进一步提升自主化能力。抓紧启动东部沿海地区三代核电项目，适时启动内陆三代核电项目，实现核电的合理布局和可持续均衡发展。建议2020—2030年每年核准建设6～8台机组，2030年核电装机达到1.37亿千瓦。2030—2035年每年核准建设8～10台机组，2035年核电装机达到2亿千瓦。

二是加大核电支持力度，完善相关配套政策。给予核电企业融资政策支持，推动核电专项建设基金、乏燃料处置基金征收后置。维持现有核电标杆价格政策，针对承担技术引进、自主创新、重大专项设备国产化任务的首台或首批核电机组，按照成本加合理利润的原则定价。保障核电优先上网，以基荷运行为主，提高利用效率，积极支持核电与抽水蓄能一体化建设。加强重点核电厂址开发与保护，明确厂址开发与保护的主体责任，确保核电厂址可用、够用。

三是培育优秀的核安全文化，建立健全核电标准体系。创新公众沟通模式，加强核电科普，消除公众核恐惧。加强核电标准化建设，理顺核电标准化管理主体和职责，进一步完善核岛、常规岛标准化工作体系。开展核电标准体系的国际比对、互认与推广，提升我国核电在国际上的话语权和影响力。整合国内优势资源，在对外推广、品牌塑造上形成产业联盟，建立核电"国际团队"，进一步提升"走出去"能力。

课题组长 魏昭峰

主要成员 安洪光 张琳 刘贵元 姜锐 李艺 杨丹

协作单位 中国核工业集团有限公司 中国华能集团有限公司

国家电力投资集团有限公司 中国广核集团有限公司

电力行业"十四五"发展规划研究[●]

　　为支撑国家电力发展"十四五"规划（2021—2025 年）的编制，中电联组织开展了电力行业"十四五"发展规划研究。该研究突出目标导向和问题导向，以安全可靠发展为核心要义，以绿色低碳发展为基本方向，以高效智慧发展为主要特征，重点明确"十四五"电力工业主要发展目标和重点任务，提出了"强化规划实施机制、健全依法治理体系、做好电力行业管理、建立规划协调机制、完善财税投资政策"等保障措施和政策建议。

一、发展基础与形势

（一）发展成绩

电力工业发展规模迈上新台阶。2019 年，全社会用电量 7.25 万亿千瓦·时，发电装机 20.1 亿千瓦，人均装机 1.44 千瓦，年人均用电量约 5186 千瓦·时。跨区输电能力 1.5 亿千瓦，220 千伏及以上输电线路 75.5 万千米，变电容量 42.7 亿千伏·安。

电力清洁低碳转型取得新成绩。非化石能源消费占比从 2015 年的 12.1% 提高到 2019 年的 15.3%，提前一年完成"十三五"规划目标。

　　● 中电联 2020 年重大调研课题

2019 年，全国非化石能源发电装机容量 8.4 亿千瓦，占比 42.0%，较 2015 年提高了 7.2 个百分点。"十三五"以来，单位发电量二氧化碳排放强度累计下降 50 克/千瓦·时。

电力安全高效发展达到新水平。2019 年，火电、水电、燃气轮机与核电机组的等效可用系数均达到 90% 以上，变压器、架空线路等主要输变电设施的可用系数均超过 99%，全国供电系统用户平均供电可靠率为 99.843%。

电气化进程持续推进。2018 年，全国电能占终端能源消费比重 25.5%。2016—2019 年，电能替代累计电量约 5988 亿千瓦·时，对全社会用电增长的贡献率为 38.5%。

电力装备技术创新日新月异。水电、核电、超超临界发电、新能源发电持续加强关键技术攻关。特高压 1000 千伏交流和 ±800、±1100 千伏直流输电技术实现全面突破，±1100 千伏准东—皖南特高压直流工程建成投运，乌东德电站送广东广西工程全线贯通。

电力国际合作取得积极进展。截至 2019 年年底，我国主要电力企业境外累计实际投资总额 878.5 亿美元，对外工程承包新签合同额累计 2848.5 亿美元。

体制机制改革取得丰硕成果。2018—2019 年，累计有 21 个省（区、市）的一般工商业目录电价降幅达到 19%，合计降低用户用电成本 2104 亿元。2019 年，电力市场直接交易电量 21 771.4 亿千瓦·时，占全社会用电量的 30.0%。

（二）发展形势

电力需求保持刚性增长，终端用能电气化水平持续提高。新旧动能转换、高技术及装备制造业快速成长、战略性新兴产业迅猛发展、传统服务业向现代服务业转型、新型城镇化建设均将带动用电刚性增长。电能在工业、建筑、交通部门替代化石能源的力度将不断加大，带动电能占终端能源消费比重持续提高。

电力供给向清洁能源转变，电力碳排放进入峰值平台期。遵循绿色低碳为引领，电源发展动力由传统煤电向清洁能源为主体增量转变，电力碳排放强度持续下降。煤电定位将向电力调节型电源转变，严控煤电新增规模，推动煤电灵活、高效发展，电力碳排放总量将提前达峰。

技术创新驱动力不断增强，综合智慧能源形态逐步形成。可再生能源发电、储能以及"云大物移智"等先进技术创新培育，成为电力产业升级的新增长点。电力与现代信息通信技术和控制技术深度融合，实现多能互补、智能互动。

体制改革深入推进，市场高效配置资源优势进一步显现。电力市场体系逐步完善，更好地还原电力商品属性，逐步形成多买多卖的双边交易市场和电价形成机制。全国电力碳市场建设加快推进，将会有力促进碳市场与电力市场协调发展、深入融合。

共建"一带一路"持续推进，电力互联互通逐步加强。推进跨境电力交易与输电通道建设，开展区域电网升级改造，发挥我国特高压和智能电网技术、装备和工程建设优势，推动"一带一路"沿线国家特别是我国与周边国家电网互联，更高效开发利用清洁能源资源。

（三）主要问题和挑战

电力工业保障能源安全面临挑战。我国石油和天然气对外依存度已分别达到70%、45%左右。电力安全保障体系建设与能源安全保障要求尚不匹配。

清洁能源加大开发利用存在制约。流域龙头水电站开发难度大。核电在我国未来能源结构中的战略地位尚需进一步明确。抽水蓄能、燃气发电等灵活调节电源装机占比不到6%，煤电灵活性改造推进滞后，新能源弃电问题时有发生。

电力系统整体能效水平亟待提高。各类能源品种联产联供、梯级利用、多能互补的综合效益尚未充分发挥。部分地区电源开发与电网发展不配套，多条特高压直流工程送端配套电源不足。电力用户参与负荷响应缺乏价格信号引导。电力系统源网荷亟待高效融合。

电力体制机制改革任重道远。电力市场建设配套体制机制未完全构筑，有效竞争的市场结构、市场体系和实施方案尚未明确。电价形成机制尚未充分理顺，电价交叉补贴复杂，电价调整滞后于成本变化，未能真实反映市场供求状况。

二、发展目标

供应能力。预期 2025 年，全社会用电量 9.2 万亿千瓦·时，"十四五"期间年均增长 4.4%，全国发电装机容量 27.5 亿千瓦，年均增速 5.1%。人均装机突破 1.9 千瓦，人均用电量 6500 千瓦·时左右（见表1）。

表1 "十四五"电力工业发展主要目标

类别	指标	2020 年	2025 年	年均增速	属性
电力总量	全社会用电量（万亿千瓦·时）	7.45	9.24	4.4%	预期性
	总装机（亿千瓦）	21.43	27.50	5.1%	预期性
	跨区跨省输电能力（亿千瓦）	2.7	3.7	6.5%	预期性
	可再生能源利用率	—	>95%	—	预期性
	人均装机（千瓦/人）	1.5	1.9	4.8%	预期性
	人均用电量（千瓦·时/人）	5300	6500	4.2%	预期性
电力结构	非化石能源消费比重	15.5%	18.5%	[3.0%]	约束性
	非化石能源发电装机比重	45.2%	49.1%	[3.9%]	预期性
	常规水电（亿千瓦）	3.4	3.7	2.2%	预期性

续表

类别	指标	2020 年	2025 年	年均增速	属性
电力结构	抽水蓄能（亿千瓦）	0.36	0.65	12.5%	预期性
	核电（亿千瓦）	0.52	0.7	6.1%	预期性
	风电（亿千瓦）	2.4	3.8	9.6%	预期性
	太阳能发电（亿千瓦）	2.4	4.0	10.8%	预期性
	生物质能及其他（亿千瓦）	0.6	0.65	1.6%	预期性
	煤电装机比重	50.4%	45.5%	［-4.9%］	预期性
	煤电（亿千瓦）	10.8	12.5	3.0%	预期性
	气电（亿千瓦）	0.95	1.5	9.6%	预期性
电力安全	全口径平均供电可靠率	99.85%	99.89%	［0.04%］	预期性
低碳环保	电煤占煤炭消费比重	55%	60%	［5.0%］	预期性
	单位火电发电量二氧化碳排放强度降低	—	—	［-3.7%］	预期性
系统效率	单位国内生产总值电耗降低	—	—	［-6.0%］	预期性
	火电平均供电煤耗［克标准煤/（千瓦·时）］	306	302	［-4］	约束性
	线路损失率	5.90%	<5.50%	—	预期性
	尖峰负荷响应能力	—	3%		预期性
电气化发展	电能占终端能源消费比重	27%	30%	［3.0%］	预期性
	电能替代电量（亿千瓦·时）	—	—	［5000］	预期性
	公共充电设施（10^4 个）	67	300	35.0%	预期性
	人均生活用电量（千瓦·时/人）	830	1200	7.7%	预期性

注：［ ］为五年累计值。

电源结构。预期 2025 年，全国非化石能源发电装机 13.5 亿千瓦，占比约 49.1%，较 2020 年提高 3.9 个百分点。非化石能源发电量占比约 34.5%。

电网发展。预期 2025 年，华东、华北、华中和西南地区形成特高压环网，跨区跨省电力流规模提高到 3.7 亿千瓦左右。电网平均供电可靠率达到 99.89%，偏远地区户均配变容量达到 2 千伏·安以上。

综合调节能力。新增抽水蓄能电站装机 3000 万千瓦，新增单循环调峰气电 1000 万千瓦，继续实施煤电灵活性改造，积极推进储能技术示范应用，各省级电网基本具备 3%~5% 的尖峰负荷响应能力。

低碳环保。预期 2025 年，发电用煤消费比重提高到 60% 以上，力争淘汰火电落后产能 2000 万千瓦。发电碳排放强度降至 505 克/（千瓦·时）左右。

电力系统效率。预期 2025 年，单位国内生产总值电耗较 2020 年下降 6.0%，火电平均供电煤耗低于 302 克标煤/（千瓦·时）。电网综合线损率控制在 5.5% 以内。

电气化发展。预期 2025 年，电能占终端能源消费比重 30.0%，"十四五"电能替代电量约 5000 亿千瓦·时。充电基础设施建设满足不低于 1400 万辆电动汽车的充电需求。力争实现压减民生供热领域散煤消费 3000 万吨。

分省（区）电力需求预测见表 2。

表 2　分省（区）电力需求预测

全国/区域	全社会用电量（亿千瓦·时）		全社会用电量增速（%）
	2020 年	2025 年	2021—2025 年
全国	74 500	92 431	4.4
华北电网	17 650	21 514	4.0
华东电网	17 626	21 742	4.3
华中电网	9174	11 764	5.1
东北电网	5134	5910	2.9
西北电网	7965	10 424	5.5
西南电网	4033	5080	4.7
南方电网	12 918	15 997	4.4

三、重点任务

（一）推动电力绿色低碳发展

积极稳妥推进西南水电基地建设，在"三北"地区加快建设以新能源为主的清洁化综合电源基地，核准建设沿海地区三代核电项目。合理布局天然气调峰电站。有序推进西部、北部地区大型煤电一体化能源基地开发，实施煤电机组延寿运行管理。

预期2025年，全国常规水电装机3.7亿千瓦，风电装机3.8亿千瓦，太阳能发电装机4.0亿千瓦，生物质发电装机6500万千瓦，核电装机0.7亿千瓦，气电装机1.5亿千瓦，煤电装机规模力争控制在12.5亿千瓦以内。"十四五"期间完成约2500万千瓦的煤电机组延寿工作。

（二）推动电力安全高效发展

严格贯彻新版《电力系统安全稳定导则》，提升电力系统本质安全水平。构建受端区域电网1000千伏特高压交流主网架，推进跨区跨省输电通道建设，促进西南地区水电、西部北部新能源在更大范围内消纳。开展"风光水火储一体化""源网荷储一体化"建设，逐步实现电力产供销体系各环节融合互动、"大电源大电网"与"分布式系统"兼容互补。

"十四五"期间，预期新增可再生能源外送能力7000万千瓦左右。2025年，单位国内生产总值电耗比2020年下降6.0%。

（三）推动电力灵活智慧发展

完善峰谷分时电价政策，推动电力需求侧管理向"市场化响应"转变，加大尖峰负荷治理力度。实施出台容量电价政策，推动龙头水电站、抽水蓄能电站、调峰气电建设，有序推进煤电机组灵活性改造。加大先进电池储能技术攻关力度，推动电储能的示范推广应用。在电源侧、电网侧、负荷侧协同推进电力系统智慧化建设。

（四）提升全社会电气化水平

采用以电代煤、以电代油、农业生产电气化等多种方式推进电能替代工作，扩大工业、建筑、交通部门的电能替代实施范围。加快建设形成适度超前、慢充普遍覆盖、快充网络化部署的充换电基础设施。深入推进电力普遍服务，进一步提升农村供电可靠性和供电能力。

（五）加强电力技术装备创新

加大在储能、可再生能源发电、核电、电网等方面的关键技术装备研发，提升自主创新能力，加强对中小企业技术创新支持力度和成果转化保障机制。

（六）深化电力体制机制改革

加快建设全国统一电力市场，有序放开发用电计划和竞争性环节电价。逐步取消或合理归位与基金附加相关的特殊政策。加强电力市场监管和信用体系建设，推动电力市场与全国碳市场协调发展。推动增量配电改革试点落地见效，健全可再生能源电力消纳长效机制。

（七）构建电力国际合作体系

拓展电力技术创新国际合作，推进"一带一路"电力基础设施建设。更加重视能源贫困和电力可及性等民生问题，深化国际电力产能合作，推动电力领域投资便利化。

四、保障措施

强化规划实施机制。增强规划引导约束作用，细化落实目标任务，完善规划动态评估机制。坚持放管结合，建立高效透明的电力规划实施监管体系。

健全依法治理体系。加快修订颁布《电力法》，完善相关配套管理办法，并与《可再生能源法》《节约能源法》等配套法规相衔接。

做好电力行业管理。进一步深化"放管服"改革。制订修订一批电力行业国家标准、定额和规程。强化电力行业监管，坚持依法监管、精准监管、创新监管。

建立规划协调机制。衔接国家规划、区域规划与省级规划，协商重大电力项目布局、规模和时序，协调电网与电源项目。

完善财税投资政策。对国家重大战略性、公益性电力工程以及经济欠发达地区电力建设给予资金帮扶。进一步完善水电、抽水蓄能、核电的财税优惠政策。积极拓宽融资渠道吸引民营和社会资本进入电力新基建领域。

课题组长 杨昆

主要成员 安洪光 潘荔 张琳 刘贵元 李艺 韩超 孔祥博 董博
杨丹 高亚静 王秀娜 李东伟 高长征

协作单位 国家电网有限公司 中国南方电网有限责任公司
中国华能集团有限公司 中国大唐集团有限公司
中国华电集团有限公司 国家能源投资集团有限责任公司
国家电力投资集团有限公司 中国长江三峡集团有限公司

中国核工业集团有限公司　中国广核集团有限公司

广东省能源集团有限公司　浙江省能源集团有限公司

全球能源互联网发展合作组织　协鑫集团公司

内蒙古电力（集团）有限责任公司　浙江省电力行业协会

第二篇

电力系统优化

电力系统安全运行及政策建议[1]

随着电力工业快速发展、用电形势日趋复杂以及新技术新设备大规模投入使用，电力系统安全运行风险不断加大。为提高电力系统安全运行系数，有效防范电力系统运行安全风险，中电联组织开展了电力系统安全运行及政策建议研究，全面深入总结了我国电力系统安全运行的现状及问题，重点分析了特高压电网和新能源并网给电力系统运行安全所带来的新挑战，提出了加快发展交流特高压电网、加强电力统一规划和电力标准化工作等措施建议。调研报告的有关结论，引起了政府主管部门和广大电力企业的高度重视，为电力行业防范安全风险及时发出了预警。

一、电力系统安全运行概况

（一）电力系统基本情况

进入 21 世纪以来，我国电力工业快速发展、成效显著。电网规模居世界第一位，大容量、远距离输电格局基本形成。截至 2015 年年底，全国电网 220 千伏及以上输电线路回路长度 60.91 万千米，十年年均增长 9.2%；220 千伏及以上变电设备容量 33.66 亿千伏·安，十

---

[1] 中电联 2016 年重大调研课题

年年均增长 14.8%。特高压加快发展，已经建成"三交六直"9 项特高压工程（国家电网有限公司、中国南方电网有限责任公司分别建成"三交四直"和"两直"特高压工程），在建"四交八直"12 项特高压工程（国家电网有限公司、中国南方电网有限责任公司分别在建"四交七直"和"一直"特高压工程）。全国跨省、跨区电力资源配置规模达到 2 亿千瓦，其中"西电东送"规模达 1.4 亿千瓦。

目前，我国电网基本实现了全国电网互联，各省级电网通过交直流联网，形成华北—华中、华东、东北、西北、南方 5 个同步电网。东北电网与华北—华中电网通过高岭背靠背工程实现异步互联；华北—华中电网与华东电网通过向家坝—上海、锦屏—苏南、溪洛渡—浙西 3 条 ±800 千伏直流以及葛洲坝—南桥、龙泉—政平、宜都—华新 3 回 ±500 千伏直流实现异步联网；西北电网与华北—华中电网通过灵宝背靠背工程、德阳—宝鸡 ±500 千伏直流、宁东—山东 ±660 千伏直流、哈密—郑州 ±800 千伏直流实现异步联网；华北—华中电网与南方电网通过三峡—广东 ±500 千伏直流实现异步联网。

受自然条件、历史发展、机制政策等多种因素共同影响，各区域电网电源建设和电网结构呈现多样性局面，安全风险各不相同。

（二）安全运行基本情况

多年来，电力行业认真贯彻落实党中央、国务院关于加强安全生产工作的各项决策部署，始终坚持"安全第一、预防为主、综合治理"的方针，不断健全防控体系，大力提升本质安全水平，安全生产责任进一步落实，安全生产监督检查进一步深入，突发事件应对和重大活动保电能力进一步提高。在各方的共同努力下，有效遏制了大面积停电事故，一般事故和事件总量稳步降低，在国外大面积停电事故频发的情况下，保持了我国电网安全稳定运行。

"十二五"期间，2011 年 1—8 月发生电网事故 12 起、设备事故 64 起。2011 年 9 月 1 日起按照新的《电力安全事故调查程序规定》（国家电力监管委员会令第 31 号）统计，当年 9—12 月发生直接经济损失 100 万元以上的一般电力设备事故 2 起。2012—2015 年，全国发生较大电力事故 3 起、一般电力设备事故 16 起，发生电力安全事件 85 起，总体上逐年降低。

二、安全运行存在的主要问题

当前，我国跨区域、大容量、远距离特高压直流输电工程集中投产，新能源发电装机保持快速增长，电力系统形态及运行特性发生重大变化。电网交流与直流系统耦合程度增加，直流换相失败、再启动等典型故障，对交流系统支撑能力、转移能力以及系统调节能力提出了更高要求。特高压交流电网建设初期，低压电网暂不具备解环运行条件，高低压电磁环网运行，不同电压等级电网相互制约，三道防线配置困难，短路电流控制措施难以落实。新能源发电出力不确定性和反调峰特性，使得各类电源之间、各级电网之间协调运行难度加大。加之台风、泥石流等各类自然灾害频发，保障电力系统安全更为艰巨，发生大面积停电风险始终存在，安全形势不容乐观。

（一）交直流电网发展不协调，存在大面积停电风险

一是特高压交流发展相对滞后，"强直弱交"存在重大安全隐患。近年来，特高压直流工程集中投产，与此相对应的特高压交流工程建设相对滞后，仅依靠现有的主网架无法承受特高压直流故障带来的巨大功率冲击。华北—华中两大电网仅通过 1000 千伏长南单线联系，电网结构薄弱，不能满足 ±800 千伏哈郑直流安全稳定运行要求。在交流电网得

不到配套加强的情况下，±800 千伏酒湖直流投运后，华北—华中电网安全稳定问题进一步突出。

二是交流电网规模与直流容量不匹配，多直流馈入地区存在大停电事故风险。电网发生故障扰动，产生频率波动时，系统依靠大量旋转设备的转动惯性进行调节，称之为"转动惯量"。系统的转动惯量越大，承受频率波动的能力越强。由于多回直流换相失败、闭锁引起的频率冲击大，交流同步电网规模相对不足，转动惯量较小，极易导致系统稳定破坏。华东电网现已馈入直流 8 回，其中特高压直流 4 回，最大额定功率 800 万千瓦。届时，电网频率稳定问题将更加突出，可能引发大停电事故。2015 年 9 月 19 日，锦苏直流双极闭锁，瞬时损失功率 540 万千瓦，华东频率最低跌至 49.56 赫兹，近 10 年来首次跌破 49.8 赫兹，频率越限长达 221 秒，为大电网安全运行敲响了警钟。

三是 500 千伏电网短路电流超标问题日益显现，传统的控制措施严重削弱了电网支撑能力。随着用电负荷、装机容量的大幅提高，特高压、配电网"两头"薄弱，500 千伏电网越来越密集，短路电流超标问题日益显现，京津唐、长三角、珠三角和三峡库区的问题最为突出。

四是特高压交流尚未成网，高低压电磁环网影响电网正常运行。特高压电网建设初期，500 千伏电网暂不具备解环运行条件，存在高低压电磁环网运行的情况。若发生线路故障，可能会出现因潮流转移、阻抗增大造成系统热稳定、动稳定破坏的问题。

五是安控装置运行策略复杂，发生拒动误动可能引发较大事故。随着电网发展，安控装置功能多重化、系统化特征明显，动作逻辑复杂。部分地区电网主网架建设滞后，安全运行过度依赖安控装置，一次系统故障后，一旦装置发生拒动或误动，将会对电网再次产生冲击，甚至引发较大事故。云南电网与主网异步联网运行后，云南电网频率稳定问题突出。蒙西电网布置了大量安全自动装置，用于解决故障下电网的安全稳定问题，每套安全稳定控制系统均有多个变电站和发电厂的子站装置构成，安全稳定控制系统覆盖了蒙西大部分 500 千伏变电站和大量发电厂，动作逻辑十分复杂。

（二）网源发展不协调、管理弱化，系统运行困难

一是各类电源规划失衡，给系统安全运行带来一系列问题。常规火电机组深度调峰、启停调峰，机组健康水平下降（见表1）。

表 1　机组启停次数和寿命损耗情况

运行方式	设计寿命损耗率（%）	设计 30 年内汽轮机使用次数（次）	设计 30 年内锅炉使用次数（次）	备注
冷态启动	0.001	120	200	停机超过 72 小时
温态启动	0.002	1100	1200	停机 10 ~ 72 小时
热态启动	0.013	4500	5000	停机不到 10 小时
极热态启停	0.001	400	300	机组脱扣 1 小时以内
负荷阶跃	<0.001	12 000	12 000	>10 额定负荷 THA/分钟

（数据来源：申能股份有限公司）

供热机组快速增长导致调节能力不断下降，系统运行更加困难。供热机组可用调峰幅度仅为额定容量的 15% ~ 25%，远低于常规燃煤机组的 50% 调峰。供热机组占比大，调峰困难，导致清洁能源消纳矛盾进一步恶化。企业自备电厂快速发展，进一步加大系统调峰压力。自备电厂多隶属高耗能企业，负荷相对固定，不参与系统调峰，在电力需求放缓的情况下，自备电厂发电量的增长造成公用电厂和新能源被迫进一步压出力参与调峰。

二是新能源机组涉网性能差，电网发生连锁性故障风险加大。新能源机组基本不具备一次调频能力，系统频率稳定问题突出。新能源机组频率、电压耐受能力差，若出现大规模脱网可能引发严重的连锁性故障。新能源机组产生次同步谐波，系统次同步振荡风险加大。

三是网源协调管理弱化，影响系统安全。技术措施难以落实，系统抗扰动能力下降。2015 年，国家能源局按照取消和调整行政审批项目的要求，不再组织发电机组并网安全性评价工作，发电机组涉网管理工作力度有所弱化。管理不规范，一次调频能力不足。

（三）电力法规修订滞后，技术标准不能满足发展需求

一是"一法四条例"修订工作严重滞后。《电力法》（1996 年颁布）、《电网调度管理条例》（1993 年颁布）、《电力供应与使用条例》（1996 年颁布）、《电力设施保护条例》（1987 年颁布，1998 年第一次修订）、《电力监管条例》（2005 年颁布）构成了我国电力行业的基本法律框架，但修订工作严重滞后，其内容已不能适应我国电力工业发展的需要，无法解决制约电力行业发展的突出矛盾和深层次问题。

二是《电力安全事故应急处置和调查处理条例》实际执行过程中难以满足不同地区的差异化要求。我国地域辽阔，各省电网结构、负荷情况差异较大，该《条例》部分条款没有分地区、分情况区别对待，造成实际执行过程中出现不利于地区电网正常供电，甚至导致安全隐患增加等现象。

三是技术标准不能适应发展需要。首先，《电力系统安全稳定导则》防范标准存在缺项。其次，近几年电力新技术、新材料、新设备大量涌现，许多领域还没有及时制定相应的标准。

三、有关建议

（一）加快发展交流特高压电网，消除电网重大安全风险

一是近期重点是建设华北—华中联网加强工程，解决电网安全燃眉之急。

国际上现有高压直流输电技术均依托交流电网实现换相，交流成网，直流依托交流电网才能安全运行，这是交、直流输电自身的功能特点决定的。只有交流网架强度达到一定水平，才能承受特高压直流故障扰动带来的巨大功率冲击。

为满足±800千伏哈郑、酒湖直流安全稳定运行要求，中国电力科学研究院进行了详细的仿真计算分析，结果表明：要有效解决试验示范工程单线联系带来的电网安全问题，需要建设蒙西—湘南特高压交流工程，华北—华中断面加强为3回1000千伏线路。长治—南阳断面南送功率控制在1200万千瓦，哈郑、酒湖任意一回直流单极闭锁，受端不需采取措施，系统保持稳定。长治—南阳断面南送功率控制在1000万千瓦，任意一回直流双极闭锁，受端不需采取措施，系统保持稳定。在此基础上，建设锡盟—赣州特高压交流工程，若哈郑、酒湖两回直流同时双极闭锁，华北—华中断面南送功率控制在1620万千瓦，受端不需采取措施，系统保持稳定。

二是组织开展我国同步电网格局研究，先期实现华东、华北区域内特高压交流环网运行，推动实施区域间联网工程。

交流电网规模与直流容量相匹配，才能承受大容量、多馈入直流闭锁带来的频率冲击。从我国电网发展的实际看，要尽快实施华东、华北电网区域内特高压交流环网运行。中国电力科学研究院的研究结果表明：建设华东电网、华北电网以及与华中电网联网工程，华东电网装机

48

规模从 3 亿千瓦跃升为华东—华北—华中电网 8 亿千瓦，系统转动惯量和频率响应能力大幅提升。大负荷方式下，华东电网 11 回直流同时换相失败，系统最低频率 49.65 赫兹；腰荷方式下，8 回直流（3980 万千瓦）同时换相失败，最低频率 49.6 赫兹，均能够保障系统安全运行。

从国外电网发展历程看，同步电网规模逐步扩大是世界电网发展的客观规律和共同趋势。近年来，国外发生的大面积停电事故（如美国、加拿大、印度等）与电网规模没有直接关系，主要是由于网架结构薄弱、产权及管理体制分散、缺乏统一调度造成的。发生过大停电的国家不仅没有拆分大电网，而且都在亡羊补牢，继续强化和发展大电网。我国特高压已经步入大规模建设新阶段，亟需对我国未来电网发展目标和总体格局进行前瞻性、系统性设计，形成目标清晰、布局科学、结构合理、便于实施的中长期网架规划，避免大量重复建设和技术改造。

三是加快主网架建设，减少对安控系统的过度依赖。电力系统一、二次协调发展，是保障安全运行的关键。当前，部分电网主网架薄弱，特高压电网正处在发展时期，电网过渡方式多、联系薄弱，加之电磁环网、短路电流控制等不利因素，电网安全高度依赖安控系统。一旦控制措施配合失调，可能导致灾难性后果。需要加快主网架建设，减少电网过渡时间，按照分层分区原则，合理消除电磁环网结构，有效控制短路电流水平，减轻电网安全对安控系统的过度依赖。

（二）加强统一规划、强化监督管理，提升系统安全运行水平

一是统筹各类电源规划，制定相关支持政策和激励机制。破解新能源消纳难题，需要统筹各类电源规划，制定相关支持政策和激励机制。建议加快抽水蓄能和燃气等调峰电站建设，从严控制燃煤机组新建规模，有序发展热电联产，严格限制现役纯凝机组打孔抽汽，严格控制自备电厂建设，扩大火电灵活性改造规模；建立健全常规电源为新能源调峰的辅助服务补偿机制和市场机制，制定自备电厂管理办法，鼓励自备电厂参与系统调峰，明确收费政策。

二是加大产学研科技攻关力度，提高新能源机组涉网性能。相比常规火电、水电机组，新能源机组涉网性能差。建议加大科技攻关力度，切实提高机组涉网性能；深入开展风电场地区次同步振荡机理研究，研发先进抑制设备；加强分布式电源管理，对分布式电源入网及运行要求加以引导。

三是加强网源协调管理，强化技术监督和指导。在传统电力系统中，发电厂并网运行管理和辅助服务，为系统安全稳定运行提供了有力保障。电力改革"厂网分离"后，网源协调管理明显弱化。需要加强网源协调管理，完善《发电厂并网运行管理实施细则》和《并网发电厂辅助服务管理实施细则》，明确责任主体，组织开展发电机组并网安全性评价工作，充分发挥行业组织和中介机构的作用，强化技术监督和指导，对不满足标准的机组限期整改。

（三）尽快修订《电力法》，切实加强电力标准化工作

一是加快《电力法》修改进程。《电力法》是我国电力发展和系统运行的基本大法，应根据我国经济社会发展要求、电力发展形势、电力管理体制、电网发展格局、电源发展结构和布局，加快修改进程。要改变立法理念，立法过程中要充分体现转变政府职能和简政放权的精神，充分发挥市场配置资源的决定性作用；要明确划分政府职责和电力企业责任，明确不同类型电力企业的责任，重新定位供电企业和用户的权利义务；要进一步明晰产权，实现责、权、利一致；要打破壁垒，建立健全电力交易机制和公平的电价机制；要实现《电力法》与其他法律的有效衔接。

二是组织专门力量，全面推进行政法规和规章制度的修订工作。结

合《电力法》的修订，建议国家电力管理部门组织专门力量，对《电网调度管理条例》《电力供应与使用条例》《电力设施保护条例》《电力监管条例》和相关部门规章进行系统梳理和分析，统筹考虑相关配套条例的制定、修改问题。认真研究《电力安全事故应急处置和调查处理条例》有关规定在实施过程中的有关问题，对相关条文适当修改，允许边远、网架薄弱地区电网循序渐进提升供电安全标准，适当放宽负荷密度较低区域的考核标准，兼顾供电可靠性和经济性；对计划检修和全接线方式采用不同的事故分级标准；在电网应急情况下，允许实施可中断负荷，避免系统灾难性事故等。

三是切实加强电力标准化工作。尽快修订《电力系统安全稳定导则》，为电力系统安全稳定运行提供技术支撑。加快制定针对新技术、新材料、新设备的技术标准。组织专业队伍，对现有国家、行业标准进行全面清理，妥善处理好标准内容冲突问题，加快现有标准更新速度，进一步完善电力标准体系。

课题组长　杨昆

主要成员　安洪光　张琳　叶春　刘贵元　姜锐　米建华　蔡义清

协作单位　国家电网有限公司　中国南方电网有限责任公司

中国大唐集团有限公司　中国核工业集团有限公司

粤电集团有限公司（现为广东省能源集团有限公司）

综合智慧能源供应体系发展[❶]

综合智慧能源作为一种电力发展新业态，其灵活、优质、高效的供能方式越来越受到社会的关注。由于受主客观条件制约，形成大规模商业化运营还有较长距离。为探索综合智慧能源可持续发展路径，中电联组织了综合智慧能源供应体系的发展研究。该研究系统分析了国内外综合智慧能源发展状况，详述了基本概念、架构和关键技术，并明确提出了发展的目标和工作建议，为推动我国综合智慧能源发展提供了有价值的研究成果。

一、综合智慧能源发展现状及市场定位

（一）发展现状

尽管我国综合智慧能源起步较晚，针对综合智慧能源的推广，政府已经开始行动，颁布实施了一系列的相关政策，推出一系列的综合智慧能源示范项目，国内涌现出一批从事相关研究的机构。

一是国家示范项目有序推进。2017 年增量配电网业务改革试点 106 个项目中全部或部分建成投运 19 个，在建 14 个，开展前期工作 51 个，另有 22 个项目尚未正式启动。已取证和即将取证项目占已投运 19 个项

---

❶ 中电联 2017 年重大调研课题

目的 53%；多能互补集成优化示范工程共 23 项，其中，终端一体化集成供能系统 17 个、风光水火储多能互补系统 6 个，要求首批示范工程原则上应于 2017 年 6 月底前开工，在 2018 年底前建成投产；首批"互联网＋"智慧能源（能源互联网）示范项目 55 个，要求首批示范项目原则上应于 2017 年 8 月底前开工，并于 2018 年底前建成（见表 1）。

表 1 示范项目案例基本情况表

序号	地点	项目名称	投资（建设）单位	项目类别	项目进展
1	贵州	贵安新区增量配电业务试点	贵安新区配售电有限公司	增量配电	在建
2	上海	上海国际旅游度假区"互联网＋"智慧能源工程	国网上海市电力公司浦东供电公司	能源互联网	在建
3	陕西	延安新城北区多能互补集成优化示范工程	延安能源集团有限公司	多能互补	在建
4	河北	廊坊泛能微网生态城多能互补集成优化示范项目	新奥集团股份有限公司	多能互补	竣工验收，试运行
5	陕西	富平区域综合能源增量配电业务试点	神华富平综合能源有限公司	增量配电	在建
6	河南	河南鹤壁信德多能互补优化集成微电网示范项目	河南奥璨售电股份有限公司	其他	在建
7	上海	上海化工区循环经济一体化的重要配套工程	上海电力股份公司、上海漕泾热电有限责任公司	其他	一期投运，二期在建
8	陕西	延长石油 300 兆瓦能源互联网（多能互补）项目	延长石油集团	能源互联网示范项目	在建
9	上海	吴泾电动汽车充电站项目	吴泾热电厂	其他	投运

（数据来源：国家发展改革委）

二是我国已通过 973、863 研究计划，启动了多项与综合智慧能源技术相关的科技研发项目。在考虑多种能源协调和多元用户互动条件下的区域级、园区级综合能源系统规划设计、供给侧多能源优化控制、需求侧多用户能源优化控制、"源—网—荷—储"各环节协同调度等方面，当前研究成果尚且不够深入。

(二) 市场定位

一是随着我国能源体制机制改革的深入，加快电力、天然气等能源领域竞争性环节的放开，以及互联网与能源技术的深度融合，必将促进传统能源生产和消费模式发生根本性转变，使人们能以更加精细和灵活的方式管理生产和生活。二是主动适应能源转型升级需求，大力发展"综合智慧能源"，作为传统能源业态的重要补充。

二、综合智慧能源发展面临的主要问题

一是增量的界定存在困难。在部分试点项目开发过程中，地方政府和项目主体认为是增量，电网公司认为是存量。

二是增量配网的定位尚未明确。对于增量配网的定位，各方有着不同的观点。电网企业认为，增量配网相当于大网的"用户"，应按照大用户的标准缴纳基本电费和备用容量费。地方和增量配网项目业主认为，增量配网也属于"电网"，不应再向电网企业缴纳基本电费和备用容量费。

三是区域能源发展缺乏顶层设计和统筹规划。目前，多数地方能源规划停留在固有的规划模式上，如电、热、冷、气、水等能源规划分属不同部门管理，分别编制，规划之间相互隔列，缺乏顶层设计和统筹规划。无资质的企业承担规划编制，并缺乏第三方评估审定，造成规划不客观、不全面、不准确和缺少科学性。有投资意向企业承担规划编制，导致投资主体确定不公正等问题。

四是现行核准机制不能满足要求。综合智慧能源项目是由多种能源

组成，相互之间协同、互补性极强，但目前采用的分品种、分环节核准机制无法满足要求。在经济性评价等方面无法做到综合考虑经济效益（如对某些单项不可行但整体性经济效益可能比较好的项目），从而影响决策的科学性。

五是增量配电电价机制不明确。目前，国家尚未出台增量配电网配电价格核定办法，增量配电网定价机制不明确，电网公司认为应纳入电网统一的配电价格体系，社会投资主体认为对增量配电价单独核价，存在分歧性差异。

六是电网接入不规范。部分增量配电项目接入电网存在一定程度阻碍，作为增量配电业务，应规范接入电网解决方式。

七是项目盈利难。个别地方反映项目盈利空间有限，部分项目高投入、低价格导致项目无法盈利，难以运行。如贵安新区增量配网，一方面政府为招商引资承诺园区内的企业较低的用能价格，另一方面政府对配网建设自动化水平、控制系统提出了高要求，并要求配网总线利用管廊技术，整个项目高投入、高成本，形成相互矛盾，项目无法盈利；另外，项目公司作为国家试点项目寄望于政府给予补贴。

三、目标

综合我国能源战略、规划和政策的相关内容与目标，在对部分试点项目进行充分调研、分析的基础上，提出我国 2020 年综合智慧能源实施目标，保障综合智慧能源新能源业态有序、健康发展。

各省（区、市）新建产业园区采用综合智慧能源的比例达到 50%。

在我国智慧城市建设中，采用综合智慧能源系统的比例达到 100%。

综合智慧能源实现地级及以上城市全覆盖，一个地级市至少要有一个项目。

建立国家综合智慧能源相关标准体系和评估体系，建立综合智慧能源控制服务平台国家级标准。

具有一定数量有资质开展综合智慧能源规划、设计和咨询的服务机构。

具有一定数量有资质开展综合智慧能源规划、设计方案和运营进行评估的第三方机构。

建立若干国家级综合智慧能源实验室。

四、措施建议

（一）尽早研究综合智慧能源法规体系

电力行业从高速度增长向高质量发展转型，立法对行业发展更加重要。随着电力体制改革的全面推进以及电力行业的转型升级，电力行业的体制机制、行业政策、发展运营模式等都发生了很大变化，但是电力行业相关法律法规已不适用，综合智慧能源作为一种全新的能源开发模式和存在形式，从项目规划、建设管理到生产运营，从供给侧协同、能源输送到能源消费，涉及多方面的影响和关联，虽然新电改以来，国家发展改革委、国家能源局出台了相关配套文件，但随着电改的持续深入，文件将无法代替立法的缺失，综合智慧能源的发展急切呼唤新的法律法规的出台。

（二）创新综合智慧能源项目开发机制

建立综合智慧能源项目规划、论证、核准、招标、建设、监管、后评估全流程相关政策机制，出台相关的规范性文件。

为给予社会资本投资综合智慧能源项目良好的市场环境，培育市场主体，鼓励社会资本投资综合智慧能源项目。

（三）建立综合智慧能源的价格机制

综合智慧能源项目中涉及的增量配电网属于自然垄断行业，一个配电区域内只能有一家公司拥有该配电网的运营权，配电价格由政府定价及监管，定价权在省级政府价格主管部门，价格水平不高于现行省级电网企业的配电价格。

定价原则包括：弥补成本与约束激励相结合、合理竞争与公平负担相结合、促进电网发展与用户和合理负担相结合。现阶段暂按项目接入电压等级对应的省级电网输配电价扣减该配电网接入电压等级对应的省级电网输配电价执行。

（四）建立综合智慧能源相关标准

建立电力行业综合智慧能源标准化机构。构建综合智慧能源标准化体系框架，组织制定综合智慧能源规划、论证、核准、招标、设计、建设、生产、后评估、监管等标准。建立用户服务标准。建设综合智慧能源数据通信标准。

（五）培育有综合智慧能源项目设计、评估能力的设计院和第三方机构

加强设计院综合智慧能源设计能力建设，逐步实施设计院综合智慧能源资质管理。为保证综合智慧能源项目的科学规范，培育第三方项目评估机构。

（六）公平开放电网

国家层面制定接入电网标准和规范。政府监管机构指导、监督各地接入电网管理工作。各级能源主管部门应建立接入电网协调机制，定期

评估接入电网工作实施情况，切实保障相关方合法权益，做好公平、开放接入电网管理工作。国家能源主管部门及派出机构要依法加强监管等工作。

（七）建设综合智慧能源信用评价体系

就综合智慧能源项目建立公正、完善的信用评价标准，着手开展信用评价。

课题组长 杨昆

主要成员 黄成刚 赵风云 李斌 芦晓东 刘贵元 韩文德 安宏文

朱蕾 赵名锐 杨迪 郭平平 伊永权

协作单位 国家电力投资集团有限公司

国核电力规划设计研究院有限公司

北京融合晟源售电有限公司 江苏现代低碳技术研究院

电力行业促进新旧动能转换
增强发展内生动力研究❶

在我国经济进入新常态发展阶段、供给侧结构性改革加快推进的背景下，为充分了解行业传统产业改造提升、新兴产业培育发展情况，以及对稳定经济增长的意见建议，中电联开展了电力行业新旧动能转换增强发展动力的研究，全面分析了电力行业发展现状及趋势，客观阐述了各领域行业发展瓶颈及短板，深入剖析了行业新产业发展及传统产业改造升级情况，提出了积极稳妥推进电力市场化改革、补齐行业发展短板、促进行业新兴产业发展、加快传统产业改造升级等措施建议。该报告对国家出台稳增长、调结构等有利于行业发展的政策措施提供了决策参考。

一、电力行业发展现状及趋势

改革开放 40 年来特别是 2002 年电力体制改革以来，电力规模从小到大、电力实力由弱到强、电力发展质量逐步提升，创新能力逐步增强，电力发展总体保持了与国民经济同步平稳发展的良好态势，较好地保障了国民经济发展和人民生活水平提高对电力的强劲需求。同时，行

---

❶　中电联 2018 年重大调研课题

业内新技术、新产业、新业态和新模式开始涌现并初步形成新生力量，电力行业发展到转型发展和变革的新起点。

清洁低碳是未来能源主要发展趋势，我国主体能源"两个替代"（非化石能源替代化石能源、电能替代煤油气）加快，我国电力行业发展趋势为电源结构清洁化、电力系统智能化、电力发展国际化、体制机制市场化。

二、电力行业发展短板分析及建议

几十年来，电力行业在加快规模发展、满足国民经济发展对电力强劲需求、保障供电的同时，通过技术引进、消化、吸收和再创新，行业发展质量显著提高。但是，在发电、输变电及管理等方面的某些关键技术、关键领域，与国际先进水平还存在一定的差距，还存在着发展的瓶颈和短板。建议将行业核心关键技术纳入国家重大战略专项，加大研发投入和政策支持；进一步出台政策鼓励企业增加研发投入；加强知识产权保护和标准制订修订；进一步完善现代企业制度，激发企业活力，提高企业管理能力和水平；建立适应市场形势和特点的管理模式。

三、行业内新业态发展情况及相关建议

我国持续推动电力体制改革，经过多轮市场改革实践，实现了由政府向企业转变，按照"管住中间、放开两头"的原则，在发电侧和需求侧引入市场竞争，初步形成主体多元的市场格局；特别是随着信息技术和互联网技术的发展，电力行业新产业、新业态、新模式逐步得到培育和发展，初步构建了比较丰富的电力市场体系。

新能源。我国在新能源开发利用方面做了大量卓有成效的工作。未

来新能源产业将向更高效率、更低成本、更加安全可靠的方向发展，同时新能源与信息技术深度融合所创造出的新技术、新模式、新业态经过培育有望形成新的经济增长点。但是存在着新能源的快速发展导致传统电源定位变化，相互制约；新能源电力消纳困难；新能源的电力市场化交易机制有待进一步规范；新能源价格补贴缺口大；可再生能源发电补贴退坡机制不完善；非技术成本负担重等问题。建议统筹制定能源清洁替代中长期规划；统筹规划，加强源网荷协调发展；完善政策法规体系，建立健全市场机制，引导新能源健康持续发展；保持可再生能源发电存量项目电价的政策稳定性；保持适度的行业发展规模，通过技术进步推动行业度电成本加速降低，实现行业健康可持续发展。

微电网。微电网是指由分布式电源、用电负荷、配电设施、监控和保护装置等组成的小型发配用电系统，可实现自我控制和自治管理。近几年，我国弃风弃光严重，微电网作为高渗透率分布式电源并网的有效解决方案，应运而生。同时存在审批程序尚不明晰、商业模式尚需创新、关键技术尚不完善、供电质量尚需验证等问题。建议简化审批程序、推动政策支持与落实、研究制定内外部交易办法、加大研发支持力度、适时启动示范项目。

综合能源服务。综合能源服务新业态的发展正在对传统能源市场和商业模式产生强烈冲击，行业企业也积极开展综合能源服务业务。面对综合能源的发展现状，建议完善综合能源政策体系、制定完善综合能源价格机制、创新综合能源项目开发模式、研发应用综合能源关键技术、制定综合能源相关标准、加强综合能力和专业人才培养、加强市场诚信体系建设。

储能。储能是协调能源生产和消费匹配问题的重要手段，特别是能够有效应对电力生产和消费的波动性、间歇性，保障电力系统平稳和安全。为使储能技术更好更快发展，建议出台包括财政、货币等必要的扶持政策；进一步推进电力等领域市场化改革；从国家层面推动储能产业基础研究、抢占储能技术制高点。

新能源汽车。发展和推广新能源汽车，是国家促进汽车产业转型升级、抢占国际竞争制高点的战略部署，是推动绿色发展、培育新的经济增长点的重要举措。面对电动汽车充换电设施网络发展前景及现状，建议加大充换电设施产业支持力度、研究出台充换电设施运营支持政策、支持电动汽车智能化有序充电推广应用、设立以政府资金为主导，广泛吸收各类社会资本的充电基础设施产业发展基金、搭建全国统一的基础运营平台，加快推进充电平台互联互通。

电能替代。电能替代是指在能源消费上，以电能替代煤炭、石油、天然气等化石能源的直接消费，提高电能在终端能源消费中的比重。电能替代事关我国环境保护、大气污染治理、清洁能源发展和能源消费革命。但目前存在以下问题：一是电能替代项目的政策支持和标准规范引导不足。二是电网供给保障能力不能完全适应电能替代项目规模化发展高要求。三是专业人才缺乏，新技术、新产品研发力度不够。四是电能替代宣传和舆论引导不足。建议将电能替代战略上升为国家战略，纳入能源发展规划、出台并完善促进电能替代发展的政策、支持电网企业加强电网建设与改造、加强标准体系建设、加强人才培养和人员培训、加大宣传力度，提升电能替代认知。

四、行业内传统产业改造升级情况及相关建议

煤电。长期以来，煤电作为传统电源始终是我国电源的主力，在满足能源电力需求、促进装备升级和节能减排等方面发挥了重要作用。近年来，随着国家节能减排法规政策和应对气候变化要求不断趋严，以及新能源发电跨越式发展，煤电自身处于升级改造过程中，向着更加清

洁、灵活方向转型发展。但是煤电问题依然存在，如煤电超低排放改造使系统运行成本大幅提高；现有火电达标判定及监管要求超出可行技术能力；超低排放对电厂精细管理和污染治理工艺的协同控制要求较高；中国燃煤机组平均寿命较短，在国家应对气候变化要求下，碳锁定效应比较明显。建议：进一步明确煤电的战略定位，继续发挥煤电在当前电力安全稳定供应、应急调峰中的基础性作用；持续提高煤电效率与电力系统优化及新旧动能转换相结合；科学合理控制煤电常规污染物排放；实施煤电灵活性改造。

燃煤耦合生物质发电。燃煤耦合生物质发电依托现有燃煤机组，耦合燃烧农林剩余物、污泥、垃圾等具有一定热值的废弃物，是一种传统煤电产业通过改造升级承担废弃物处置功能的产业形式。具有社会效益好、投资成本低、发电效率高等优势，属于环保工程、惠民工程。该产业的发展兼具经济效益、环境效益和社会效益。传统生物质发电项目存在补贴退费不及时、市场竞争格局混乱等问题。建议由国家统筹考虑生物质耦合发电的支持政策，大力推动发展进度，最大限度地发挥燃煤耦合生物质发电产业承担消纳农林剩余物、污泥、垃圾的环保功能；建议国家修正对纯烧生物质发电、生物质耦合发电区别对待的政策，明确对生物质耦合发电上网电价的政策支持；在国家层面加快可再生能源发电退税补贴发放。

水电。水电是技术成熟、运行灵活的清洁低碳可再生能源，经济、社会、生态效益显著。我国水电工程技术居世界先进水平，形成了规划、设计、施工、装备制造、运行维护等全产业链整合能力。但存在着缺乏统一的认识和标准；西南水电弃水问题突出；流域统筹规划和管理薄弱；移民安置主体责任不强、规划缺乏约束；税费政策和管理制度不尽合理；后续水电开发成本提高，水电建设步伐明显放缓等问题。建议加快智慧化（智能化）水电有关的国家、行业标准制定；加强规划引导和全局统筹，实现水电在更大范围内消纳；加强水电流域统筹规划建设，提高流域整体效益；强化移民管理，切实落实水电移民安置；完善水电税费政策，促进水电持续健康发展；加大金融政策支持力度，加快西南水电开发。

核电。截至 2017 年年底，我国商运核电机组 37 台、3582 万千瓦，占全国电力装机的 2% 左右；核电装机容量位列世界第四。全年核电发电量 2475 亿千瓦·时，位居全球第三。我国积极引进三代核电技术，并加快实施三代核电自主化。核电发展面临诸多挑战。如核电安全永远在路上、核电经济性受到挑战、新举措和新形势为核电发展带来压力、自主创新能力不够强、公众对核电的理解和支持需要增强、核电发展停滞。建议坚持"安全第一"方针，采用国际最高安全标准，加强核安全监管，保证核安全"万无一失"。进一步确立核电在中国能源生产和消费中的战略地位。加大自主创新和原始创新力度，形成一批高质量的自主知识产权成果和自主品牌产品。进一步建立健全核电建设运行的信息公开制度和利益共享机制。积极推动核电"走出去"，力争取得新突破。稳步开工一批核电项目。

智能电网。智能电网作为新一代电力系统，可以更好地实现电网安全、可靠、经济、高效运行，在世界范围内关注度持续提升、应用不断深化。近年来，坚持电为中心、网为平台、智能互联，以"互联网＋"提升传统电网业务，积极培育智慧车联网、光伏云网、青海新能源大数据创新平台等新业态、新产业，取得积极成效。面对配网改造情况及目标，建议加大财政资金对配电网发展的支持力度、完善电价政策、强化规划统筹与落实，协同推进、加大智能输变电设备研发，提高对智能电网建设的支撑力度。

五、电力行业推动"互联网+"行动开展情况

"互联网+"的技术特征包括跨区域互联互通、平等开放接入、公开规范运行、多源协同配合等。电力系统具有明显的网络特性，电力系统可以利用基于"互联网+"的电能替代技术，一方面通过大量分布式电暖等聚合负荷以热能的形式存储新能源发电，利用负荷的虚拟储能特性，提升增量负荷的可消纳能力，充分利用弃风、弃光电量；另一方面，通过利用大量聚合负荷的可响应能力，为电网提供调峰调频等辅助服务，提升电力系统的调节潜力（见图1）。

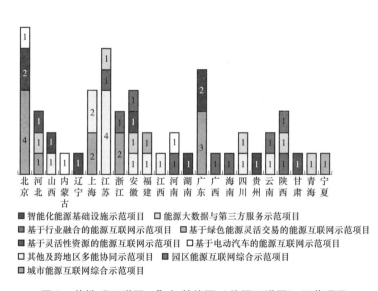

图1 首批"互联网+"智慧能源（能源互联网）示范项目

六、措施建议

加快助力电力行业新旧动能转换、增强发展内生动力，应坚持市场化方向，在市场化改革中释放改革红利和促进行业发展；应加强联合攻

关、补齐行业发展短板，应加强政策扶持、促进新兴产业发展，应加快传统产业改造升级，切实促进传统产业不断发展、新动能不断形成、新业态不断涌现，行业发展健康有序、内生动力充足。

主要成员 安洪光 薛静 侯勇 李艺 徐亮 姜锐 刘旭龙 刘贵元
吴立强 杨帆 李云凝 高明 杨迪 靳坤坤

协作单位 国家电网有限公司 中国南方电网有限责任公司
中国华能集团有限公司 中国大唐集团有限公司
中国华电集团有限公司 国家能源投资集团有限责任公司
国家电力投资集团有限公司 中国广核集团有限公司
中国电力建设集团有限公司 中国能源建设集团有限公司
全球能源互联网发展合作组织 协鑫集团公司
中国电力科学研究院有限公司 国网节能服务公司

煤电机组灵活性运行政策建议[1]

为实现《电力发展"十三五"规划》提出的 2020 年前完成 2.2 亿千瓦煤电机组灵活性改造目标，中电联组织开展了煤电机组灵活性运行政策专题研究。该研究梳理了煤电灵活性改造项目的实施情况，评估了不同改造技术方案的技术经济性，提出了完善辅助服务补偿政策、有序安排煤电灵活性改造项目、适时出台容量电价和扩大灵活性交易品种、优化煤电灵活性改造技术路线等政策建议，有力支撑了国家能源局《推动能源高质量发展的指导意见》文件编制，其中非化石能源消费占比、电力占终端能源消费比重、电网调峰能力、灵活性调节电源占比等指标列入能源高质量发展指标体系。此外，还为能源"十四五"规划前期筹备工作提供了支持。

一、新能源发展及消纳

（一）发展现状及展望

新能源呈现持续快速发展态势。截至 2018 年年底，我国风电、太阳能发电装机达到 3.6 亿千瓦，占总装机的 18.9%；年发电量 5435 亿千瓦·时，占总发电量的 7.8%。新能源技术加快突破，成本显著下降，

---

[1] 中电联 2019 年重大调研课题

步入平价上网时代。2018 年我国风电、光伏发电平均度电成本分别降至 0.35 ~ 0.46 元、0.42 ~ 0.62 元，已接近煤电脱硫标杆上网电价。预计 2025 年、2035 年，我国新能源装机将分别达到 7 亿、14 亿千瓦。

（二）消纳问题及措施

近年来，为提高新能源消纳能力，采取了一系列措施，弃电问题有所缓解。2018 年，全国并网风电弃风电量 277 亿千瓦·时，弃风率 7%；全国并网太阳能发电弃光电量 55 亿千瓦·时，弃光率 3%。但是，随着新能源更大规模发展，消纳形势仍然不容乐观。2018 年，甘肃、新疆新能源发电量占比分别仅为 20%、15%，弃风率分别高达 19%、23%，弃光率分别为 10%、16%；预计到 2035 年全国新能源发电量占比将超过 20%，部分省份将突破 30%，新能源消纳难题应引起高度重视。

新能源消纳涉及电源、电网、用户、政策、技术等多个方面，解决消纳难题需要多措并举。由于新能源发电不同于常规电源，出力具有随机性、波动性和间歇性特点，系统综合调节能力与新能源发电特性直接相关，提升系统灵活性调节能力是解决新能源消纳问题的关键举措。

二、电力系统综合调节能力分析

（一）调节能力现状

我国灵活调节电源比重低。我国发电装机以煤电为主，抽水蓄能、燃气发电等灵活调节电源装机占比不到 6%，"三北"地区新能源富集，风电、太阳能发电装机分别占全国的 72%、61%，但灵活调节电源不足 3%，调节能力先天不足（见图 1、图 2）。比较而言，欧美等国灵活电源比重较高，西班牙、德国、美国占比分别为 34%、18%、49%。

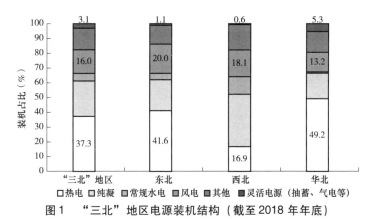

图1 "三北"地区电源装机结构（截至2018年年底）

（数据来源：中电联）

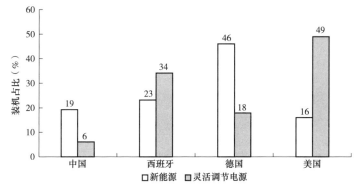

图2 各国新能源与灵活调节电源装机占比情况

（数据来源：中电联）

（二）调节能力建设

受资源禀赋等因素限制，灵活调节电源建设远不及新能源的发展速度。抽水蓄能电站受站址资源和建设工期限制，气电受气源、气价约束，发展规模有限。现阶段储能技术受制于经济性、安全性，尚不具备大规模商业化应用条件。预计到2025年，风电、太阳能发电和核电装机为7.8亿千瓦，占总装机的比重为28%，相比2018年提高9个百分点；抽水蓄能、燃气发电等灵活调节电源为2.6亿千瓦，仅占总装机比重的9.4%，相比2018年提高不足3.5个百分点。因此，为满足更大规模新能源的发展要求，需要进一步提升系统调节能力。

三、煤电灵活性改造技术经济分析

（一）技术性分析

目前我国在运煤电机组一般最小出力为 50% ~ 60%，冬季供热期仅能低至 75% ~ 85%。纯凝机组灵活性提升主要取决于锅炉燃烧稳定性以及汽轮机和主要辅机的适应性。目前国内试点示范项目通过灵活性改造，最小技术出力可低至 30% ~ 35% 额定容量，部分机组可低至 20% ~ 25%。热电联产机组灵活性提升路线主要包括：热水蓄热调峰技术，固体电蓄热锅炉调峰技术，电极锅炉调峰技术，切除低压缸技术，余热回收供热技术，主、再蒸汽减温减压供热技术等。改造后，热电联产机组最小技术出力达到 40% ~ 50% 额定容量，部分"热电解耦"改造最小技术出力可进一步降低。改造后，机组能够达到环保要求。

（二）经济性分析

煤电灵活性改造单位千瓦调峰容量成本约在 500 ~ 1500 元，低于抽水蓄能、气电、储能电站等其他系统调节手段。煤电机组低负荷运行时，煤耗增加、能效下降，但计及消纳风、光、核发电量后，综合供电煤耗下降、系统整体能效提升。另外，在机组低负荷运行时，百万千瓦、60 万千瓦的大机组比 30 万千瓦机组能效下降更明显，应优先考虑 30 万千瓦及以下、部分 60 万千瓦亚临界机组进行灵活性改造（见图 3）。

四、煤电灵活性改造进展及辅助服务政策执行情况

（一）灵活性改造进展

截至 2019 年 5 月，"三北"地区累计完成煤电机组灵活性改造 5078

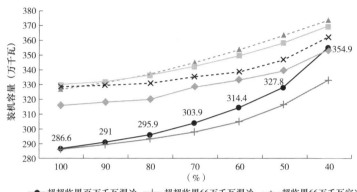

图3 某发电企业典型机组不同负荷率下的供电煤耗变化情况

万千瓦，仅完成"十三五"规划目标的24%。国家遴选的22个试点项目中，东北地区完成80%，华北地区完成25%，西北地区完成较少。

（二）辅助服务政策执行情况

全国多数省（区）为适应新能源、核电消纳要求，在"两个细则"基础上，对辅助服务政策进行了调整，都加大了对灵活调节电源的补偿，弃风弃光问题和核电利用水平得到明显改善。总体来看，我国辅助服务补偿水平偏低。2018年，全国辅助服务补偿费用占上网电费总额的0.83%，远低于美国PJM市场的2.5%、英国的8%。东北三省于2016年出台辅助服务补偿政策，补偿力度较为合理，企业改造积极性高，2018年东北三省弃风已降至3.7%，核电利用小时同比提高1466小时；福建鼓励煤电机组参与调峰并获得补偿，增加了电网的调度优化空间，2018年核电利用小时同比增加700多小时。西北、华北地区补偿政策执行较晚，部分省（区）补偿水平偏低，新疆、甘肃、内蒙古的弃风弃光率仍偏高，有待进一步完善相关政策。

五、国外辅助服务相关市场机制经验与启示

(一) 国外煤电灵活性改造经验和启示

国外存在利用煤电灵活性改造、增加系统调节能力、促进新能源消纳的先例。丹麦、德国的经验表明，煤电灵活性改造技术是可行的。丹麦煤电机组改造后最小出力低至 15% ~ 20%，德国为 25% ~ 30%。完善的电价机制是煤电灵活性改造的驱动力。丹麦的火电利用小时数从调峰前的 5000 小时下降到了调峰后的 2500 ~ 3000 小时，但调峰收入仍然确保了其可以获得合理的收益。

(二) 国外典型电力市场的辅助服务产品

已形成成熟的电力现货市场的国家，并未针对调峰辅助服务设置单独的补偿，主要是采取现货市场的边际价格出清机制，通过不同时段的价格信号，来引导市场成员在高峰和低谷时段调整出力。我国电力现货市场处于起步阶段，市场化机制较为复杂，尚需较长的建设时间，且试点工作中未将调峰辅助服务作为市场组成部分，短期无法依靠现货市场全面反映灵活性改造成本，难以有效引导企业实施灵活性改造。

(三) 国外典型容量市场经验与启示

国外成熟的电力市场已建立起配套的容量市场机制。通过稀缺资源的价格信号有效激励发电侧资源配置，实现优化系统运行的目的。我国现行的电价交叉补贴还较为复杂、电价形成机制尚未理顺，建立容量市场、制定两部制电价还比较困难。随着电力系统发展，未来抽水蓄能、气电、煤电灵活性改造以及储能项目、电动汽车等系统调峰资源的规模将越来越大、品种越来越多，我国应尽早布局谋划建设容量市场，探索

适应我国资源禀赋和市场化改革的容量市场机制。

总的来看，我国尚未建立容量市场，现货市场刚刚起步，当前，推动煤电灵活性改造应立足辅助服务补偿政策，加大补偿力度。

六、有关建议

一是完善辅助服务补偿政策，保障煤电灵活性改造项目取得合理收益。按照"成本＋合理收益"和"谁受益、谁补偿"的原则，确定煤电机组灵活性改造有偿调峰的补偿水平，完善辅助服务补偿政策，成本应包括改造投资、新增加的运维成本，还要考虑煤电机组低负荷运行期间增加煤耗和少发电量等因素；受益方主要是风电、光伏发电、核电及未参与深调的煤电机组等。用于调节用电负荷的调峰容量，应通过电价调整进行疏导。各电网新能源接纳能力不同，应按照差异化原则，因地制宜完善辅助服务补偿政策。针对当前已超出合理弃电水平的新疆、甘肃、内蒙古，以及新能源资源较丰富、后续发展目标较大的省（区），应加大有偿调峰补偿力度，切实保障煤电灵活性改造项目取得合理收益，激发煤电企业灵活性改造积极性。

二是加强规划引导，有序安排煤电灵活性改造项目。对于国家已确定的煤电灵活性改造项目，应加强督导，确保按规划完成。尽快制定"十四五"新能源发展目标和开发布局，有序安排煤电灵活性改造项目。重点对30万千瓦及以下煤电机组进行灵活性改造，作为深度调峰的主力机组，甚至参与启停调峰。对于新能源消纳困难的"三北"地区、限制核电出力的广西、福建等省区，可考虑部分60万千瓦亚临界煤电机组进行灵活性改造参与深度调峰。当弃电率控制在合理范围时，不予安排新的改造项目，防范改造项目过剩，增加承担补偿费用的企业负担。

三是发挥市场机制作用，适时出台容量电价和扩大灵活性交易品种。逐步推动补偿政策向市场机制过渡，适时出台两部制电价；进一步完善现货市场，丰富交易品种，特别是灵活性资源和备用资源交易品种，做好现货市场与辅助服务政策衔接；适度拉大峰谷电价价差，发挥市场发现价格、形成充分竞争的作用，加强需求侧管理，合理引导电力消费，促进电力生产与消费的资源优化配置。

四是优化煤电灵活性改造技术路线，确保机组安全经济运行。总结和借鉴国内外煤电灵活性改造经验，优化纯凝、供热机组灵活性改造技术路线，开展有关标准制定和修编工作；做好煤电灵活性改造机组运行维护和寿命管理，加强关键部件检验检测，适当预留调峰安全裕度，确保机组安全运行。

课题组长　　于崇德

主要成员　　安洪光　潘荔　张琳　刘贵元　董博　李艺　杨丹

协作单位　　国家电网有限公司　中国南方电网有限公司

　　　　　　中国华能集团有限公司　中国大唐集团有限公司

　　　　　　中国华电集团有限公司　国家能源投资集团有限责任公司

　　　　　　国家电力投资集团有限公司　广东省能源集团有限公司

　　　　　　浙江省能源集团有限公司　华北电力大学

煤电机组灵活性运行与延寿运行研究[1]

为服务新能源发展，提高资源高效节约利用，推动能源电力绿色低碳转型升级和实现煤电高质量发展，中电联组织开展了煤电机组灵活性运行与延寿运行研究。该研究分析了煤电产业发展现状及未来定位，研究了煤电机组灵活性运行和延寿运行的安全环保特性、技术经济特性及社会效益，提出了推进煤电机组灵活性改造和延寿管理的建议。调研报告报送国家有关部委，为国家能源主管部门制定相关政策提供依据。

一、煤电产业发展现状

（一）发展概况

长期以来，煤电是保障我国电力供应安全的主体电源。截至 2019 年年底，我国煤电装机 10.4 亿千瓦、发电量 4.56 万亿千瓦·时，分别占总装机、总发电量的 51.8% 和 62.2%。煤电结构不断优化。"十三五"前四年煤电年均新增装机 3514 万千瓦，与"十二五"相比下降 30%；"十一五"以来累计淘汰落后产能 1.4 亿千瓦（见图 1），目前单机 60 万千瓦及以上煤电机组容量占比达到 44.7%。煤电节能减排成效显著。目

---

[1]　中电联 2020 年重大调研课题

前全国超过 7.5 亿千瓦煤电机组实施了深度节能改造，达到超低排放限值的煤电机组容量 8.9 亿千瓦，我国煤电能耗及污染物排放水平走在了世界前列。

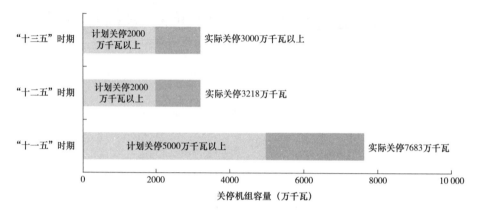

图1　关停小火电机组完成情况

（数据来源：中电联）

（二）未来发展及定位

为满足电力平衡要求，需要煤电装机发挥"托底保供"的作用。由于新能源装机有效容量比较低，难以满足电力实时平衡的要求，需要煤电机组来保障电力供应安全。煤电在系统中的定位将逐步由电量型电源向电量和电力调节型电源转变。随着新能源加速发展，系统对灵活性电源需求将不断提高，在现有技术条件和能源资源禀赋下，煤电是最经济可靠的大型灵活调节电源，将更多地承担系统调峰、调频、调压和备用功能。煤电合理利用小时数呈下降趋势。煤电为新能源发电"让路"，更多地参与系统调节，多数时间运行在低于额定功率下，年利用小时数势必要下降。

（三）面临的突出问题

煤电灵活性改造滞后。截至 2019 年年底，"三北"地区灵活性改造仅完成 5775 万千瓦，不到规划目标的 27%。受深度调峰辅助服务补偿标准偏低、政策执行力度和连续性不足、政策制定与实施未充分考虑地区实际情况等因素影响，煤电企业已完成的改造项目收益不及预期，影响了系统调节能力的进一步释放。

煤电机组到期退役关停存在能源资源浪费问题。国内外火电机组部件为常规强度设计而非有限寿命设计，机组寿命按一般经验确定为 30 年。国外煤电机组服役时间普遍超过 30 年。我国现役煤电机组平均服役时间仅为 12 年，运行超过 30 年的煤电机组不足 1.1%（见图 2）。目前，我国服役 20～30 年的 30 万、60 万千瓦等级煤电机组已达到或接近设计寿命，这些机组经过多次安全、节能、环保改造，绝大多数健康状况良好，具备延续运行的能力。部分地区对运行期满 30 年但环保达标、能耗和可靠性指标较优的机组"一刀切"强制关停，造成巨大浪费。

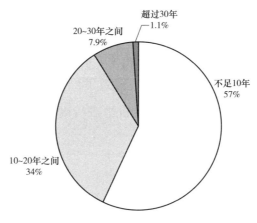

图 2 我国煤电机组服役时长

（数据来源：中电联）

二、煤电机组灵活性运行研究

（一）技术性分析

煤电灵活性改造技术上是可行的。国外存在利用煤电灵活性改造、增加系统调节能力、促进新能源消纳的先例，丹麦煤电机组改造后最小出力低至 15%～20%，德国为 25%～30%。目前，我国在运煤电机组一般最小出力为 50%～60%，冬季供热期仅能低至 75%～85%。国内试点示范项目通过灵活性改造，最小技术出力可低至 30%～35% 额定容量，部分机组可以低至 20%～25%。热电联产机组最小技术出力达到 40%～50% 额定容量。机组灵活性运行期间均能满足安全环保要求。

（二）经济性分析

煤电灵活性改造经济上具有比较优势。煤电灵活性改造单位千瓦调峰容量成本约在 500～1500 元之间，远低于抽水蓄能、储能电站等其他调节手段。煤电机组低负荷运行时，煤耗增加、能效下降，在计及消纳风、光、核发电量后，综合供电煤耗下降、社会整体能效和环保水平提升。另外，机组在低负荷运行时，百万千瓦、60 万千瓦的超（超）临界机组比 60 万、30 万千瓦亚临界机组能效下降更明显，应优先考虑 30 万千瓦及以下、部分 60 万千瓦亚临界机组进行灵活性改造，综合经济效益和社会效益更好。

三、煤电机组延寿运行研究

（一）国内外煤电机组服役年限对比分析

美国 75% 的煤电现役机组服役时间在 35 年以上，日本接近 50% 的煤电机组服役时间超过 30 年。美国退役机组平均服役时间长达 52 年，欧盟退役机组服役时间长达 50～60 年（见图 3）。国内各类型煤电机组均有运行年限超过 30 年的案例，运行年限最长的高井电厂 1 号机组服役 54 年，国产第一台 20 万千瓦、30 万千瓦机组分别服役 40 年、42 年。近年来，国内多家煤电企业开展了延寿改造评估并获得延寿运行许可，表明煤电机组延寿运行是可行的。

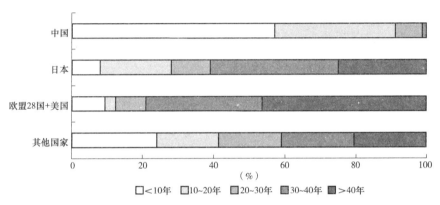

图 3　不同国家地区在役煤电机组运行年限装机比重

（数据来源：中电联）

（二）延寿安全性分析

影响机组整体寿命的核心构件主要是高温承压部件、高速旋转部件、电气主设备及主要建构筑物。通过对主要部件开展寿命管理，及时掌握关键部件的剩余寿命及服役安全性，并根据监测情况适时开展状态检修，缩短检修周期、及时更换缺陷部件，能够消除安全隐患，现役大部分机组具备在设计寿命基础上延寿运行 10～15 年的能力。

（三）延寿经济性分析

成本方面，延寿运行机组成本均低于新建机组。新机组固定费用高，在运营初期需要承担较高的还本付息资金压力，而延寿机组财务成本和折旧成本均较小。一台延寿机组运行 10 年、20 年后度电总成本均低于新建煤电机组的发电成本（见图4）。社会效益方面，若将煤电机组设计寿命延长 10 年，近 10 年内，满足延寿条件的机组规模约 3300 万千瓦，可以节省新建煤电项目增加的全社会投资 1100 亿元。

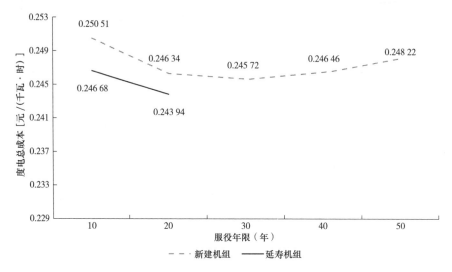

图4　某电厂度电总成本对机组服役年限的敏感性分析

（四）延寿环保性分析

煤电机组已完成综合节能改造及环保设施改造，在能耗和环保指标方面，煤电机组延寿运行均能满足国家政策要求。

四、有关建议

（一）有序推进煤电机组灵活性改造

一是完善辅助服务补偿政策，保障煤电机组灵活性改造项目取得合理收益。按照"成本＋合理收益"的原则，确定煤电机组灵活性改造有偿调峰的补偿水平。应尽快完善辅助服务补偿政策，针对各电网新能源接纳能力不同，应按照差异化原则，因地制宜完善补偿政策；针对新能源资源较丰富、后续发展目标较大的地区，应加大有偿调峰补偿力度，合理进行电价疏导。

二是加强规划引导，有序安排煤电机组灵活性改造项目。尽快制定"十四五"新能源发展目标和开发布局，各地方结合新能源消纳状况，确定煤电灵活性改造项目规模、布局。30万、60万千瓦亚临界机组具有调节特性好、安全系数高的优势，应优先实施灵活性改造；30万千瓦及以下机组可考虑日内启停及轮停调峰。应加大储能技术研发和应用，提高安全性、经济性，缓解煤电机组灵活性调节的压力，提升系统灵活性调节整体能力。

三是发挥市场机制作用，适时出台容量电价和扩大灵活性交易品种。随着电力系统发展，系统各类调峰资源的规模越来越大、品种越来越多，应逐步推动补偿政策向市场机制过渡，适时出台调峰机组的容量电价。要进一步完善中长期交易及现货市场，丰富交易品种，特别是灵活性资源交易品种，发挥市场发现价格、形成充分竞争的作用。

（二）抓紧制定并出台煤电机组延寿运行管理办法，完善煤电寿命管理体系

一是抓紧出台煤电机组延寿运行指导意见，统一管理并指导发电企业做好煤电机组延寿工作。国家能源主管部门出台煤电机组寿命评价和延寿运行管理办法，明确寿命评估和延寿运行工作的原则目标、范围内容、工作流程和各责任主体的权利义务。

二是制定并完善煤电机组延寿评估的技术标准和规程规范。可委托行业协会、科研单位组织制定并完善煤电机组延寿运行的改造、评估、监管等技术规范及标准体系，规范煤电机组延寿运行评估的目标、范围以及评估机构的资质要求，提供全面客观的评判依据。

三是因地制宜开展煤电机组延寿工作。各发电企业按相关规定和评估标准，开展煤电机组延寿工作，并承担相应的安全环保、投资收益等方面的责任，避免资产损失和资源浪费。

课题组长　于崇德

主要成员　安洪光　潘荔　张琳　刘贵元　董博　李艺　杨丹

协作单位　中国华能集团有限公司　中国大唐集团有限公司

　　　　　　中国华电集团有限公司　国家能源投资集团有限责任公司

　　　　　　国家电力投资集团有限公司　浙江省能源集团有限公司

　　　　　　国投电力控股股份有限公司

第三篇

电力市场化改革

电力市场重大问题与政策建议[1]

在电力体制改革持续深入推进、电力市场化建设不断取得成绩的同时，电力市场建设运行仍存在不少问题。为了推动电力体制改革不断深化，中电联组织开展了电力市场重大问题调研，重点调研了当前电力市场建设、电力市场交易中存在的矛盾及问题，了解发电企业、售电企业、电力用户等市场主体遇到的问题和困难，收集各方对电力市场建设的意见建议，分析梳理各方观点，提出了完善电力交易平台之间的协调机制、加强电力市场监管和信用体系建设、加强对省级电力市场的监督指导、加强电力市场信息披露工作管理、加快现货市场和辅助服务市场建设等措施建议。调研报告报送国家发展改革委、国家能源局等政府主管部门，并得到相关部门的高度重视。

一、电力市场建设现状

2015 年《关于进一步深化电力体制改革的若干意见》（中发〔2015〕9 号）文件发布以来，新一轮电力体制改革各项工作全面推进，取得了很大成绩。2018 年以来，国家发展改革委、国家能源局围绕全面

---

[1] 中电联 2018 年重大调研课题

深化电力改革又制定出台了一系列涉及分布式发电市场化、增量配电网改革、市场交易机制、发电权交易、电力交易中心改革等方面的政策和措施，进一步完善电力改革政策体系。各省级地方政府主管部门结合各地实际，大力推动各地电力改革试点。截至 2017 年年底，全国已经成立北京、广州电力交易中心和 33 个省级电力交易中心，覆盖全国所有省份，电力市场中长期交易规则体系基本建立，现货市场试点工作有序开展，国家电网有限公司开展了省间可再生能源发电现货交易试点，广东率先进行了省级电力现货市场模拟运行。全国电力交易更加活跃，市场化电力交易规模进一步扩大，2018 年前三季度，全国电力市场交易电量达到 1.45 万亿千瓦·时，同比增长 38%，占全社会用电量的 28.3%，同比增长 6 个百分点（见图 1）。

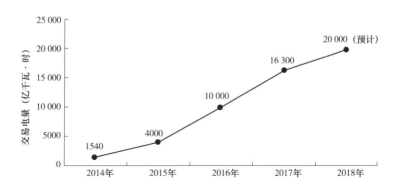

图 1　电力市场交易电量增长情况示意图（单位：亿千瓦·时）

（数据来源：中电联）

二、电力市场存在的主要问题

一是行政干预电力市场运行问题较为普遍，存在引导市场降价幅度，对交易总量进行比例限制，以交易公告代替市场规则，市场交易的延续性较差，规则变化频繁等情况。

二是电力交易平台之间规范统一、相互协调的机制有待完善，各交易系统之间衔接的全局性统筹不足，交易信息共享和数据交互需要进一步强化，交易系统的技术规范和标准体系有待进一步完善。

三是市场监管缺位、信用体系建设滞后问题仍然存在。电力市场的监管措施不完善，对信用体系建设不够重视，未能对市场交易中各市场主体的交易行为进行全方位评价和对失信企业进行公开曝光。

四是市场交易信息披露不及时、不充分。部分地区对于交易批次、交易内容、交易结果等信息的公开不及时、不充分；对电网约束、安全校核等信息披露不完整；对电力用户信息披露不完整，不利于发电、售电企业营销业务开展；电力交易信息发布的格式和规范不够统一等。

五是电力市场交易省间壁垒较为严重。新一轮电力改革启动以来，电力改革试点以省为单位落实推进，电力市场化交易落实推进主要由省级主管部门主导，一些地区出于地方保护的考虑，不愿外省电力大量进入冲击本地企业的市场份额，影响省内经济发展、税收与就业，造成了电力市场交易省间壁垒问题。

六是电力市场价格机制有待完善。部分省级市场电力中长期交易规则中采用价差（相对于国家核定电价的降幅）传导模式，不利于市场公平竞争；完成超低排放改造的煤电机组，只有基数电量享受超低排放电价、市场交易电量没有执行超低排放电价；电力交易规则对中长期交易进行发用电偏差考核过程中，当市场主体因为某些政策性原因出现偏差时，无法申请免考核，一些地区对偏差考核费用的管理和使用存在不规范、不透明情况。

七是现货市场和辅助服务市场建设滞后，适应可再生能源发电参与市场交易的机制有待完善。风电、光伏、水电等可再生能源发电的环保价值在目前电力市场条件下无法体现，相关的补偿机制尚未建立；一些风电富集地区风电机组在参与市场交易时，保障小时数实施方案和基数没有明确，发电企业难以制定合理的企业交易策略。

八是电力市场管理委员会作用有待加强。部分市场管理委员会成员构成没有实现市场主体类别全覆盖，不能定期组织召开会议，对委员会工作机制、工作流程的宣传培训不够。

九是电力市场条件下保障煤电企业可持续发展的机制有待完善。2018年1—8月全国电力企业火电板块收入利润率仅1.1%，煤电企业亏损面达到47%，部分大型发电集团煤电和供热板块持续整体亏损，如果问题长期持续，将严重影响煤电企业健康发展和有效参与市场的能力。

三、有关政策建议

（一）坚持市场化改革基本方向，避免政府过多干预电力市场

一是充分发挥市场在资源配置中的决定性作用，构建科学合理的电价形成机制，减少政府对市场的过多干预，防止把"降电价"作为改革目标，偏离市场化改革的基本方向，确保交易按照市场规则开展；二是落实国家发展改革委《关于积极推进电力市场化交易进一步完善交易机制的通知》精神，取消煤电机组市场交易价格上限，鼓励大中型电力用户与发电企业签订基准电价＋浮动机制的长期购售电协议；三是建议地方政府在扶持高载能产业发展的同时，充分尊重市场主体的意愿，更多采用市场化手段，避免过多的行政干预。

（二）建立完善电力交易平台之间的协调机制

一是开展全国电力市场总体构架的规划研究，明确中长期目标和发展路径；二是以电力现货市场建设为契机，研究探讨各省电力市场逐步融合发展的具体路径和技术方案；三是积极研究制定相关措施，尽快完善电力交易平台之间全面协调机制，为电力交易平台的融合发展奠定基

础；四是在当前省间壁垒没有完全消除、省间省内市场衔接问题仍然很多的情况下，从市场主体注册、信息披露等环节入手，对发电业务和售电业务尽快推行一地注册全国通行原则，方便市场主体参与交易。

（三）加强电力市场监管和信用体系建设

一是加快对《电力法》《电力市场监管条例》等法律法规的修订完善，强化电力市场监管工作的顶层设计，为电力市场监管提供法律法规依据；二是高度重视电力监管工作，严格执行相关政策措施，避免监管缺位；三是加快建立市场信用管理体系，着重加强对市场主体的监管与信用管理，及时淘汰投机型售电公司，并建立失信企业"黑名单"制度；四是进一步加强市场风险教育，对参与交易主体的市场违规行为及时进行风险警示，使各方电力用户充分树立风险意识，并具备承担风险的基本认识和常识；五是建立售电公司履约保函或保证金制度，增加售电公司违约成本，降低违约率，确保市场公平运行；六是研究建立第三方市场评估机制，对电力市场运行状态、运营成效进行评估，提升市场风险控制能力。

（四）加强电力市场信息披露工作管理

一是明确交易中心是市场信息披露主体，全面负责交易信息披露工作；二是在征求各市场主体意见的基础上，制定信息披露管理办法和信息披露清单及模板，特别是加强对市场竞争范围、参与交易的机组规模、输电通道富裕容量、相关交易结果等信息的及时披露，规范完善市场信息披露制度，加强政府监管；三是积极采取有效措施，不断提高交易信息发布的及时性和准确性；四是统一数据服务接口，增强市场主体间的数据交互，便于市场主体方便、快捷地了解市场信息。

（五）加强对省级电力市场的监督指导，尽快破除省间壁垒

一是国家电力改革主管部门和电力市场监管部门加强对省级电力市场交易的监督指导，约束省级政府地方保护行为，支持促进更大范围的市场化电力交易；二是各省级主管部门要从能源电力供应保障、建立公平开放市场角度出发，消除市场壁垒，支持鼓励有关交易机构配合北京、广州电力交易中心开展省间市场化交易，促进能源资源大范围优化配置；三是北京、广州电力交易中心，不断研究完善跨省电力市场化交易机制，制定出台相关规则，推动跨省电力市场化交易规模不断扩大。

（六）规范完善电力市场价格机制

一是在全国各省级电网输配电价制定发布的基础上，各地区尽快调整完善市场交易机制，将价差传导模式调整为绝对价格竞争模式；二是尽快研究解决输配电价核定和执行中存在的问题，保障市场正常运行；三是落实国家发展改革委、国家能源局《关于积极推进电力市场化交易进一步完善交易机制的通知》要求，尽快落实市场化条件下的煤电联动机制，支持鼓励煤电企业和电力用户签订电价根据煤价波动情况相应浮动的购售电合同；四是对超低排放机组电量补贴实行全电量覆盖，在交易公告中明确超低排放电价的收取方式，合理补偿发电企业超低排放投入；五是对因非市场主体原因导致发用电偏差，明确申诉主管部门、处理流程并及时公布申诉处理结果。

（七）加快现货市场和辅助服务市场建设

一是加快推进广东等 8 个试点地区电力现货市场运行，及时总结经验，向全国推广；二是对各地区辅助服务市场建设运行进行调研督导，推动辅助服务市场全面建设发展；三是积极研究出台相关措施，拓宽可

再生能源补贴资金来源，努力解决补贴资金拖欠严重问题；四是尽快制定实施可再生能源配额制，推进可再生能源绿证交易，给予可再生能源合理的环保补偿，推动可再生能源发电进入市场交易；五是对风电、光伏机组在参与市场交易时，应事先明确风电、光伏机组保障小时数基数及实施方案。

（八）强化电力市场管理委员会职能

一是根据电力市场主体不断增加和主体类型不断丰富，优化管理委员会成员构成，确保市场管理委员会具有广泛代表性；二是不断完善委员会自身建设，健全和强化委员会工作制度，保证各成员公平参与各项工作的权利，对重要规则制定或问题研究，应邀请相关成员全过程参与，并按照委员会议事规则组织表决通过；三是充分发挥市场管理委员会职能，做好电力市场交易和运营规则制定完善等方面的工作，保障市场主体的合法权益，促进电力交易机构规范运行；四是成立专业小组，研究电力市场相关问题，定期开展研讨交流活动，积极推动电力市场机制不断完善。

（九）多措并举，保障煤电企业可持续经营发展

一是尽快实施煤电标杆价格联动，合理上调燃煤机组标杆上网电价，落实市场化条件下的煤电联动机制，支持鼓励煤电企业和电力用户签订电价根据煤价波动情况相应浮动的购售电合同；制定完善保障煤电机组合理生存发展的市场机制，如在可再生能源比重较大地区推行煤电机组两部制电价、在辅助服务市场对煤电机组给予合理充足的备用容量补偿、在竞价机制设计中考虑煤电固定成本的合理回收等。二是进一步规范电煤定价机制，杜绝中长期合同中不规范行为，加大对煤炭市场价格的有效监管和合理引导，打击囤积居奇、炒作行为，稳定电煤价格。

三是督促重点产煤地区落实增产增供要求，加快释放优质产能，确保国内电煤供需平衡。四是加强环保、安监、土地、海关等方面协调力度，发挥进口煤在保供控价方面的辅助调节作用。五是进一步规范铁路、港口等各环节收费，有效降低电煤物流成本。

课题组长　　于崇德

主要成员　　薛静　　张卫东　　刘旭龙　　孙健　　杨迪

协作单位　　国家电网有限公司　　中国南方电网有限责任公司

　　　　　　　　中国华能集团有限公司　　中国大唐集团有限公司

　　　　　　　　中国华电集团有限公司　　国家能源投资集团有限责任公司

　　　　　　　　国家电力投资集团有限公司　　中国长江三峡集团有限公司

输配电价改革情况分析[1]

2015 年以来，我国深化电力体制改革各项工作全面推进，特别是输配电价改革领域取得了很大成绩，基本建立了涵盖省级电网、区域电网、跨区跨省专项工程、地方和增量配电网的输配电价体系以及对其各环节实施成本监审的机制，为电力市场建设奠定了基础，并向实体经济释放了改革红利。但是在输配电价核定、成本监审政策和具体配套措施中尚存在着一定的问题和不足，需要随着改革的深化不断加以完善。为此，中电联组织开展了输配电价改革情况调研，重点了解输配电价改革政策的执行情况，以及改革对经济社会、对电网企业经营发展带来的影响，电力市场参与各方对输配电价政策的看法等，对输配电价改革政策及落实过程中存在问题进行梳理和分析，提出相关措施建议，在《国家发展改革委 国家能源局关于积极推进电力市场化交易进一步完善交易机制的通知》《国家发展改革委办公厅关于清理规范电网和转供电环节收费有关事项的通知》等政策文件中得到采纳。

---

[1] 中电联 2018 年重大调研课题

一、输配电价改革概况

从改革背景来看。一是中央确定的"管住中间、放开两头"电价改革总体思路为输配电价改革明确了方向；二是供给侧结构性改革深入推进，理顺电价形成机制迫在眉睫；三是经济结构调整和能源绿色转型环境下，保障电力系统安全稳定运行成本增加，国企投资回报渠道不畅通，可持续发展能力在削弱。

从改革历程来看。新一轮输配电价改革始自 2014 年 10 月，国家发展改革委会同国家能源局，按照"先试点、再推广"的改革思路，在深圳、蒙西试点基础上，研究制定了《输配电定价成本监审办法》和《省级电网输配电价定价办法》等指导性文件，指导省级价格主管部门和相关机构，按照准许成本加合理收益的原则，分三个批次有序推进省级电网输配电价改革，并于 2017 年全面完成了 32 个省级电网首个监管周期的输配电价核定工作；2017 年年底，国家发展改革委印发《区域电网输电价格定价办法（试行）》《跨省跨区专项工程输电价格定价办法（试行）》《关于制定地方电网和增量配电网配电价格的指导意见》等文件，对区域电网、跨省跨区专项输电工程、地方电网和增量配电网的输配电价核定也做了明确规定。

从改革成效来看。一是建立了中国特色的独立输配电价机制，不仅标志着我国输配电体系的初步确立，也为电力市场建设、扩大交易品种与市场电量规模奠定了基础；二是创新性地引入了激励性管制理念，初步建立了对电网企业激励约束机制；三是充分释放了输配电价改革的红利，通过首期省级电网输配电价核定，核减 32 个省级电网准许收入约 480 亿元。

二、输配电价改革过程中存在的主要问题

(一) 隐形交叉补贴造成工商企业电价虚高情况

一方面, 长期存在的隐形交叉补贴规模较大, 导致工商企业电价虚高, 且挤占了工商业电价进一步下降空间。2017 年, 我国工商业用户补贴居民农业的政策性交叉补贴规模约 2700 亿元 (见图 1), 居民和农业享受电价交叉补贴平均约每千瓦时 27 分, 工商业承担电价交叉补贴平均约每千瓦时 7.4 分。尽管工商业电价近两年有所下降, 但随着居民、农业用电占比逐年提高, 交叉补贴总规模没有下降, 甚至在逐年提高。此外, 在补贴规模日益增加的环境下, 自发自用自备电厂的供电用户逃避社会责任, 进一步加大了公共电网供电的工商业用户交叉补贴负担。

另一方面, 现行居民阶梯电价制度对于缓解交叉补贴压力收效甚微, 且没有完全体现出公平负担的原则。2006 年以来, 我国连续 12 年没有提高居民、农业用电价格。2012 年以后推行的居民阶梯电价政策, 不仅有引导社会各界节能的意义, 从本意上也有缓解部分交叉补贴压力的初衷。但从目前的阶梯电价结构设置来看, 第一档、第二档的电量覆盖面基本超过了 90%, 各阶梯的电价设置区分度不高, 阶梯电价发挥缓解补贴作用相当有限。

(二) 普遍服务投入需求巨大, 传统模式难以长期维持

一方面, 电力普遍服务主体责任亟待从法律层面进行明确。在我国政企不分、厂网不分的时期, 政府通过电力企业履行其普遍服务的职责。但是随着电力体制改革的深化, 政企分开后, 电力企业作为市场主体的发展目标与普遍服务的基本原则存在一定的冲突, 故对于履行电力普遍服务的主体责任亟待明确。

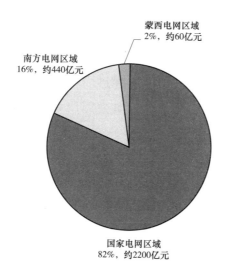

蒙西电网区域
2%，约60亿元

南方电网区域
16%，约440亿元

国家电网区域
82%，约2200亿元

图1　三大电网经营区2017年工商业用户承担交叉补贴规模及全国占比

（数据来源：〔国家电网有限公司、中国南方电网有限责任公司、内蒙古电力（集团）有限责任公司〕）

另一方面，地区经济发展不平衡，资金问题掣肘中西部偏远地区长期可持续发展。为了有效促进东西部地区协调发展，电网企业从2011年开始实行企业内部的东西帮扶政策，短期内发挥了很好的效果。输配电价改革后，各省级电网被作为独立核价主体进行输配电价核定，电网资产权属范围、成本和收益水平都受到严格监管，这种传统的"东西帮扶"模式将难以为继。

（三）基金附加水平仍较高，转供电经营行为亟待规范

在目前电价的基础上，政府出台并由电网企业代征了7项（其中2项2017年已取消）政府性基金及附加，政府基金与附加占电价结构比重约为5.14%。

从目前情况看，主要存在两类问题：一是各地区的电价基金附加征收标准差异性较大，管理模式也存在较大自主性，导致各地输配电价的基金附加水平差异很大，不利于形成各地反映电力成本和供求关系的合理价格，阻碍电力市场跨区、跨省交易，不利于电力资源的优化配置；二是在国家取消了部分基金及附加之后，部分产业园区、商业综合体等转供电经营者，并未及时贯彻国家降价措施，甚至存在在国家规定销售电价之外乱加价行为，以至于部分电力用户并未切实享受到国家降低工商业电价的红利。

（四）首轮电价核定尚存不足，需要增加调整机制

我国输配电价改革试点地区暂定输配电价格核定周期为 3 年，核定参数以历史和预测数据为基础。现阶段，经济增长阶段性趋势不明朗、改革措施均具有不确定性，输配电价核定也应统筹考虑各类变化因素，增加灵活的调整机制。

存在的问题主要有三点。一是电价平衡账户未实体化运作，现有平衡账户并未实际起到预期"蓄水池"和"调节器"的作用；二是新增政策性资产的计提问题存在争议，"煤改电配套投资""电动汽车发展配套投资""清洁能源接入投资"等政策性投资不能全额及时纳入当期可计提收益的有效资产；三是两部制输配电价制度亟待完善。

（五）监管与考核目标不统一，电网企业处境尴尬

输配电价改革以后，政府逐步建立了以电网有效资产为基础，以"准许成本加上合理收益"为主要原则，对输配电的收入、成本、价格进行全范围直接监管的新模式，并形成了"事前核定电价、事中监管投资、事后成本监审"的闭环监管体系。在接受政府电价监管的同时，作为国有大型企业，电网企业经营又受到国务院国资委对盈利能力、资产质量、债务风险和经营增长的明确考核要求。国务院国资委对电网企业的绩效考核内容与建立输配电价核定的新机制、新要求并不完全一致，导致各目标难以协调统一。

三、有关政策建议

（一）改交叉补贴暗补为明补，逐步解决电价交叉补贴问题

一是适时推出"妥善处理交叉补贴问题"的顶层设计文件。短期内，建议在现有补贴规模不扩大的基础上，理清交叉补贴总水平并改为明补的补贴路径；从中期看，要建立妥善处理交叉补贴的长效机制，建立明补基金或税制，进一步完善居民阶梯电价制度；从长期看，逐步减量、取消对居民电价补贴，逐步建立按用户用电负荷率定价的机制。

二是完善居民阶梯电价制度，积极减少交叉补贴。现阶段，建议适当降低第一档和第二档电量的门槛，并逐步提高第二档、第三档阶梯的电价，特别是提高第三档阶梯的电价，使第三档电价能够适度补贴第一档电价，第二档电价基本反映供电成本，以切实减少工商业交叉补贴的负担，为降低工商业电价创造空间。

三是加强监管，督导各利益主体承担相应的电价交叉补贴责任。现阶段，建议国家加强监管，稳定电价交叉补贴来源，避免交叉补贴产生较大缺口。此外，还应督导各利益主体承担相应的电价交叉补贴责任。

（二）理清普遍服务政企责任，建立普遍服务长效机制

一是完善普遍服务法律机制，理清政企责任。建议在法律层面明确提出建立电力普遍服务补偿机制，设立电力普遍服务基金。出台电力普遍服务相关配套文件，明确电力普遍服务的内涵、服务对象、服务标准、服务范围，明晰普遍服务的责任主体、实施主体及权责义务，制定电力普遍服务规划、目标和实现方式。出台电力普遍服务基金管理办法，建立电力普遍服务基金管理机构，细化招标办法，明确监管主体、监管内容、监管标准，规定奖惩措施。

二是建立电力普遍服务长效机制，保障中西部地区长期稳定发展。从我国国情出发，短期内建议仍然通过电网企业内部"东西帮扶"的方式来支援中西部偏远地区电网建设，考虑当前电网企业开展内部帮扶时存在的实际问题，建议价格主管部门在核定输配电价时，允许将帮扶成本计入帮扶省份准许总收入、通过帮扶省份输配电价予以回收，同时，建议财税主管部门对帮扶资金在省级电网之间流出、流入时免征所得税，提高内部帮扶效率。长期来看，建议建立国家层面的电力普遍服务基金，打造科学合理的电力普遍服务的长效机制，针对电价承受能力较差的中西部偏远地区给予税收优惠和运营补贴，并对服务标准、资金来源和成本补偿机制进行明确。

（三）降低政府基金及附加比重，加强对转供电环节监管

电力作为商品本应该执行市场交易规则，不应承担商品之外的特殊功能，电价中的基金附加是因不同阶段的特殊需求制定出台的，随着电力市场化改革推进，这些特殊政策应当逐步取消或合理归位，还原电力的商品属性。

此外，转供电经营者本质上仍然属于供电环节，本身并无定价权，应严格执行国家制定的价格政策、传导国家的调价措施并接受国家监管，做好供电"最后一公里"服务。建议国家针对转供电环节出台明确的措施办法，加强对转供电经营行为的规范和监管，进一步明确转供电经营者电费收取方式，要求按公平、公开的原则向所有用户合理分摊电费。避免在电价传导的"最后一公里"产生灰色地带，影响国家各类调价政策的顺畅传导。

（四）统筹考虑核价问题，保障电网企业合理收益

在改革的初期阶段，应切实做好电价核定与电网投资、电量增长、

降低电价水平等问题的有效衔接，针对存在问题灵活施策、及时调整，保证电网企业合理的收益水平，确保电力系统长期稳定可靠运行。具体来说，一是尽快建立平衡账户的具体管理细则及实施细则；二是对于计划外的新增政策性投资提出明确解决方案；三是跨省跨区输电线路输配电价建议采用两部制电价形式。

（五）完善电网企业考核制度，疏解监管与考核间矛盾

目前，国务院国资委对电网企业考核是按照商业二类企业标准进行的，针对新型监管模式和传统绩效考核体系之间的矛盾，建议尽快完善和创新对电网企业的绩效考核机制，调整经营指标在考核中所占的权重，使电网企业回归专注于提供输配电服务的功能定位，调整电网企业的经营考核方向。

课题组长　于崇德

主要成员　薛静　张卫东　刘旭龙　孙健

协作单位　国家电网有限公司　中国南方电网有限责任公司

　　　　　　中国华能集团有限公司　中国大唐集团有限公司

　　　　　　粤电集团有限公司（现为广东省能源集团有限公司）

　　　　　　内蒙古电力（集团）有限责任公司

跨省区电力市场交易相关问题及政策建议[1]

新一轮电力体制改革以来，跨省区电力市场不断发展完善、市场交易规模逐年上升，但也存在着输电通道能力受限、输电价格机制不完善等问题，影响了跨省区电力市场交易进一步健康发展和电力资源高效配置。为更好地推进跨省区电力市场相关工作，中电联组织开展了跨省区电力市场交易相关问题及政策建议研究，梳理分析跨省区电力交易中存在的矛盾及问题，提出了加强网源协调发展、完善专项输电工程定价机制、完善可再生能源发电参与跨省区市场交易机制、逐步放开发电侧用户侧市场主体参与跨省区电力市场准入、完善跨省区电力市场交易信息披露机制等政策建议。调研报告报送国家相关主管部门，为相关政策制定完善提供了有效参考。

一、跨省区电力市场交易现况

随着北京电力交易中心、广州电力交易中心、33 家省级电力交易中心先后组建完成以及省间、省内中长期交易机制的逐步完善，我国"省间—省内"两级市场总体架构已基本建成，跨省区电力市场化交易规模不断提高。

一是跨省区电力市场建设不断深化。一方面，《北京电力交易中心

---

[1] 中电联 2019 年重大调研课题

跨区跨省电力中长期交易实施细则（暂行）》和《南方区域跨区跨省电力中长期交易规则（暂行）》的印发，标志着跨省区电力交易规则体系的初步确立。另一方面，两大电力交易中心仍在深入探索和推进电力市场建设工作。

二是跨省区市场交易品种不断创新。2018 年，北京电力交易中心通过双边协商、集中竞价、挂牌等方式组织市场交易 599 次，组织开展西南水电与西北新能源分时段打捆、长江与黄河水电打捆等创新交易，此外还组织开展省间富余可再生能源现货交易 70 亿千瓦·时；广州电力交易中心以消纳云南富余水电为重点，组织开展了各类市场化交易，主要品种包括云南送广东增量挂牌交易、云贵水火置换交易、广西送广东临时支援挂牌交易、溪洛渡右岸增送广东市场化交易、云南送广东发电合同转让交易等。

三是跨省区市场化交易规模显著增长。2018 年，北京电力交易中心组织完成省间交易电量 9682 亿千瓦·时，同比增长 10.6%。其中市场化交易电量 3514 亿千瓦·时，同比增长 29%；广州电力交易中心全年组织西电东送电量 2175 亿千瓦·时，同比增长 7.2%，其中市场化交易电量 295 亿千瓦·时，同比增长 10.1%（见图 1、图 2）。

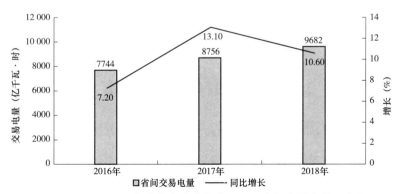

图 1　2016—2018 年北京电力交易中心组织省间交易电量示意图

（数据来源：北京电力交易中心）

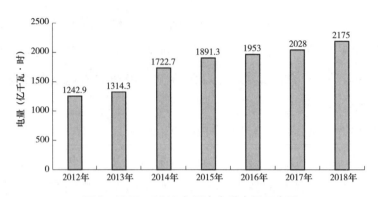

图2　2012—2018年西电东送电量示意图

（数据来源：中电联）

四是跨省区市场化交易切实使电力用户享受到改革红利。2018年，国家电网区域通过开展电力直接交易累计降低用户用电成本373亿元，平均降低电价0.030 1元/（千瓦·时）；南方电网区域累计降低用户用电成本285亿元，平均降低电价0.084元/（千瓦·时）。

五是跨省区市场化交易有效促进了清洁能源消纳。2018年，北京电力交易中心完成清洁能源省间交易电量4373亿千瓦·时，其中省间新能源交易电量完成718亿千瓦·时，同比增长45.8%，新能源发电量和占比实现"双升"，弃电量和弃电率实现"双降"；广州电力交易中心全年西电东送清洁能源占比86.1%，云南弃水电量同比下降114亿千瓦·时，广西未发生弃水。

二、跨省区电力市场交易存在的主要问题

（一）网源发展建设不协调，跨省区输电通道能力受限

2014年以来，国家发展改革委、国家能源局印发《关于加快推进大气污染防治行动计划12条重点输电通道建设的通知》，分期批量核准了相关输电通道工程，并与国家电网有限公司、中国南方电网有限责任公

司签署《大气污染防治外输电通道建设任务书》。目前，各项通道工程均按期建成投产，但部分特高压直流送电通道工程自建成后未达到设计输电能力，利用率偏低（见表1、表2）。

表1　2018年国家电网区域特高压通道送电情况

单位：亿千瓦·时

通道		输电电量
合计		2912
交流特高压	小计	574
	晋东南—南阳—荆门	64
	淮南—南京—上海	295
	浙北—福州	69
	锡盟—山东	29
	蒙西—天津南	79
	榆横—潍坊	38
直流特高压	小计	2338
	复奉直流	307
	锦苏直流	387
	天中直流	325
	宾金直流	316
	灵绍直流	378
	祁韶直流	177
	雁淮直流	180
	锡泰直流	56
	鲁固直流	150
	昭沂直流	14
	吉泉直流	48

（数据来源：国家电网有限公司）

表2　2018年南方区域特高压通道送电情况

单位：亿千瓦·时

序号	特高压通道	输电电量
1	云南—广东±800kV直流输电工程	254
2	糯扎渡送电广东±800kV特高压直流输电工程	252
3	滇西北至广东±800千伏特高压直流输电工程	181
	合计	687

（数据来源：中国南方电网有限责任公司）

（二）跨省区输电价格机制存在不合理、不灵活情况

跨省区输电工程输电价格下调与公共成本回收机制不明，加重企业经营压力；跨区输电价格机制不灵活，不利于跨区电力市场交易规模的扩大；跨省区输电通道使用权市场化分配机制尚未建立；绕道输送电力的输电价格机制有待完善。

（三）包含跨省区电力市场的统一市场体系有待完善

目前，我国已经建成北京、广州两家跨省电力交易平台和33家省级电力交易平台，省间、省内中长期交易机制基本建立，广东、浙江、蒙西等现货市场试点逐步推进，但各省市场模式和规则差异较大，跨省区和省内两级交易平台的耦合衔接、协同运作有待加强，包含跨省区电力市场的统一市场体系有待完善。

（四）可再生能源发电参与跨省区市场交易的机制有待完善

可再生能源发电参与市场交易规则有待完善；部分可再生能源富集地区电力外送能力不足，无法满足市场需要；可再生能源发电参与受电地区辅助服务市场有待规范。

（五）发电侧、用户侧市场主体参与跨省区电力市场准入有待落实

目前，跨省区电力市场交易的实践中，售电公司和电力用户参与的情况比较少见，多数市场化交易的组织过程中并不支持售电公司、用户参与。跨省区电力市场大部分采取"网对网"的挂牌交易方式，交易电量、电价均提前确定，作为市场主体的发用两侧无法直接参与市场竞争。

（六）地方政府行政干预跨省区电力市场运行问题较为普遍

一是跨省区电力交易中仍然存在一定程度省间壁垒；二是对跨省区

市场交易进行不合理限制和干预；三是部分省区主管部门对西电东送跨省送电市场干预力度增大。

（七）跨省区电力市场交易信息披露机制有待完善

目前，相关跨省区电力交易机构制定电力市场交易规则中，都对信息披露进行了明确，但是从实际情况看，跨省区电力市场信息披露工作仍存在着不少问题，相关制度有待完善。一是部分交易中心对于交易批次、交易内容、交易结果等信息的公开不及时、不充分，影响了企业对后续的交易进行预判。二是对电网约束、安全校核等信息披露不完整，影响市场成员竞争策略的制定实施。三是电力交易信息发布格式不够统一和规范，市场交易信息等查询、检索和有效使用困难。

（八）跨省区电力市场监管有待加强

目前，针对跨省区电力市场交易，国家电力监管部门及其派出机构还没有形成专项的监管办法和规则，急需进行完善。跨省区电力市场监管的重点应放在跨省区电力市场交易规则的制定和实施，发电企业、售电企业、电力用户等参与跨省区电力市场的公平准入，跨省区输电通道输电价格的制定和落实，电力市场交易信息有效、及时披露，市场成员信用管理等方面。

三、政策建议

（一）加强电力统一规划，推动网源协调发展，提高跨省区输电通道利用率

一是进一步加强电力统一规划。建议主管部门在研究制定电力规划、核准重大电力项目时要更加注重科学论证，讲求实效；及时跟踪供

需形势变化，对规划进行滚动调整和优化；有序推动重大项目建设实施，保障网源协调发展。二是优先推动跨省区输电通道配套电源项目建设实施。三是加强统筹协调，推动跨省区输电通道送受电双方签订长期送受电协议。

（二）改革完善专项输电工程定价机制，提高跨省区输电通道输电电价灵活性

一是将降低跨省跨区专项输电工程输电电价产生的准许收入缺口纳入电网企业后续年度成本监审中统筹考虑，同时按照成本监审相关性要求，准确归集跨省跨区专项工程相关成本，科学分摊公共成本，保障电网可持续运营。二是对部分以输电为主的跨省区输电通道开展两部制电价（容量电价为主）的电价机制试点，降低送、受电地区市场化交易的输电电量成本。三是建立灵活的输电价格浮动机制。按照输电效益总体目标最优原则，采用夏冬高峰上涨、春秋低负荷下调、全年平均输电价格保持不变的方式，调动发电侧、用电侧参与市场的积极性。四是研究完善绕道输送电力的输电价格机制。五是超前研究跨区输电通道使用权（输电权）市场化分配机制。

（三）强化顶层设计，建立完善包含跨省区电力市场在内的统一市场体系

一是研究完善跨省区电力交易平台和省级交易平台之间的协调机制，保障跨省区电力市场交易与省内市场交易的合理衔接。二是研究完善跨省区电力市场中长期交易与现货交易协调机制、跨省区电力市场交易与电网运营的协调机制。三是开展全国电力市场总体构架的规划研究和试点。

（四）研究完善可再生能源发电参与跨省区市场交易机制

一是尽快完善可再生能源市场化交易机制。研究落实可再生能源发

电绿证颁发与市场化交易办法，建立健全绿证交易体系，推动可再生能源发电电能量交易与绿证交易分离的市场交易机制，降低交易和管理成本，提高运行效率。二是加快部分资源富集地区电力外送能力建设。三是规范跨省区送电参与受电地区辅助服务市场机制。

（五）逐步放开发电侧、用户侧市场主体参与跨省区电力市场准入

一是落实北京、广州两个交易中心跨省区中长期电力交易规则对跨省区市场成员的规定，开放电力用户和售电企业参与跨省区电力市场，推进跨区电力市场交易持续繁荣与发展。二是在跨省区市场交易包括发电权交易中，对发电侧市场主体给予公平对待，开放更多的发电企业参与到跨省区电力市场交易中。

（六）坚持市场在资源配置中起决定性作用，更好发挥政府作用，避免政府过多干预电力市场运行

一是坚持市场在资源配置中起决定性作用，着力构建科学合理的市场交易和电价形成机制，确保跨省区电力交易按照市场规则有序开展。二是督促各省级电力市场管理部门，从能源电力供应保障、建立开放公平的市场等角度出发，进一步放开电力用户、售电公司等市场主体参与跨省区电力市场交易限制，消除省间市场壁垒。三是电网企业实施降低工商业电价措施后，对农业用电、居民用电等享受的交叉补贴及电网企业"东西帮扶"产生的费用，主管部门应研究解决措施。

（七）建立完善跨省区电力市场交易信息披露机制，进一步加强跨省区市场监管

一是明确交易中心是市场信息披露主体，全面负责交易信息披露工作；二是在征求各市场主体意见的基础上制定信息披露清单和信息披露

模板，规范完善市场信息披露制度；三是提高交易信息发布的完整性、及时性和准确性；四是开发适用于全国的电力交易信息客户端和统一的数据服务接口；五是加强跨省区市场监管力量，建立完善监管规章，推动跨省区电力市场健康发展。

课题组长　于崇德

主要成员　潘荔　薛静　张卫东　刘旭龙　孙健

协作单位　国家电网有限公司　中国南方电网有限责任公司

　　　　　中国华能集团有限公司　中国大唐集团有限公司

　　　　　中国华电集团有限公司　国家能源投资集团有限责任公司

　　　　　国家电力投资集团有限公司　中国长江三峡集团有限公司

增量配电业务改革试点情况及政策建议[1]

增量配电业务改革实施过程中，存在配电网规划管理薄弱、试点项目上报审批不规范等问题，导致部分项目落实情况较差。为了更好地参与和推进增量配电业务改革试点相关工作，中电联组织开展了增量配电业务改革试点情况调研，梳理分析了增量配电改革试点工作中的主要问题，并就完善改革试点工作提出了建立试点项目退出机制、控制项目审批节奏、规范项目上报和审批管理等有关措施建议。2019 年 10 月，国家发展改革委、国家能源局印发《关于取消部分地区增量配电业务改革试点的通知》，取消了 24 个试点项目试点资格。2019 年 11 月，国家发展改革委、国家能源局下发《关于请报送第五批增量配电业务改革试点项目的通知》，加强了对试点项目申报文件的引导和管理。

一、增量配电业务改革背景与现状

2015 年 3 月，中共中央、国务院印发《关于进一步深化电力体制改革的若干意见》（中发〔2015〕9 号），文件提出"鼓励社会资本投资配电业务。按照有利于促进配电网建设发展和提高配电运营效率的要求，

---

[1]　中电联 2019 年重大调研课题

探索社会资本投资配电业务的有效途径。逐步向符合条件的市场主体放开增量配电投资业务,鼓励以混合所有制方式发展配电业务。"

根据"深化电力体制改革 9 号文件"的相关精神,2015 年以来国家发展改革委、国家能源局相继发布了《关于推进售电侧改革的实施意见》(发改经体〔2015〕2752 号)、《有序放开配电网业务管理办法》(发改经体〔2016〕2120 号)等十多项政策文件,涵盖改革的任务和要求、增量配电网定义和范围、项目申请审批、配电网运营、营业许可证颁发、供电安全与责任、电网接入、配电价格与收费等多个方面。

截至 2019 年 6 月底,国家发展改革委、国家能源局共批复四批 404 个增量配电改革试点项目。其中,第一、二、三批试点项目共计 320 个(第四批项目 2019 年 6 月批复,相关进展情况未统计),包括:国家电网经营区 256 个,南方电网经营区 52 个,蒙西电网经营区 12 个。前三批项目中共有 156 个试点项目确定了业主,92 个试点项目确定了供电范围,57 个试点项目取得了电力业务许可证(供电类),并有 17 个试点项目已由所在地主管部门向省级主管部门征收提出了退出申请(见表 1)。

表 1　17 个申请退出的试点项目

北京市	通州"煤改电"智能电网示范区增量配电业务试点(第一批)
	平谷马坊工业园增量配电业务试点(第一批)
	丰台飞腾家园高压自管小区增量配电业务试点(第一批)
	北京化工大学昌平新校区增量配电业务试点(第一批)
四川省	达州市地方电网增量配电业务试点(第一批)
	凉山州地方电网增量配电业务试点(第一批)
重庆市	重庆市万州经开区微电网增量配电业务试点(第一批)
	重庆石柱生态工业园增量配电业务试点(第一批)

续表

甘肃省	平凉工业园区增量配电业务试点（第一批） 兰州经济技术开发区机场北高新园区（含西部药谷产业园）增量配电业务试点（第一批） 兰州国际港务区增量配电业务试点（第一批） 敦煌市文化产业示范园区增量配电业务试点（第二批） 武威工业园区增量配电业务试点（第三批） 定西岷县梅茶新区增量配电业务试点（第三批） 庆阳市长庆桥工业集中区工业Ⅱ区增量配电业务试点（第三批） 天水张家川县东部工业园区增量配电业务试点（第三批） 酒泉市经济技术开发区增量配电业务改革试点项目（第三批）

（数据来源：国家能源局）

增量配电业务改革取得了一定成效。主要表现在：一是试点工作向前推进，一些项目已经进入正常运营，起到了一定试点示范作用；二是改革试点有效激发了社会资本投资增量配电项目的积极性，促进了配电网建设发展，已经确定业主的试点项目中，大部分项目都有社会资本的参与，并且由非电网的社会资本控股的项目占据了大多数；三是通过增量配电网试点项目引入标尺竞争机制，在推动提高配电网运营效率、改善供电服务质量等方面作出了积极探索，促进了相关电网企业从投资决策流程、客户响应等方面服务水平的提升。

二、增量配电改革试点工作中的主要问题

（一）增量配电网规划管理薄弱，难以实现规划引领

一是配电网整体规划未能按要求制定发布，或者规划内容过于简单，没有提出重点地区的配电网网架方案和重点建设项目，造成评价增量配电网规划时缺乏参照对象。

二是配电网规划编制、审批职责盲目下放，造成增量配电网重复规划或与地区统一配电网脱节。

三是增量配电网规划编制单位水平参差不齐，规划中的需求预测、

技术方案等与实际情况出现较大偏差，影响到配电网建设和项目的后续经营。

（二）试点项目上报审批不规范，相关政策措施不完善、不细致

一是试点项目上报审批不规范。本应该在项目报批时明确的问题，由于审批不规范，造成了项目后续工作中出现重大分歧。

二是相关政策措施不完善、不细致。存量配电资产处置程序不明确，制约了项目推进的进度；输配电价定价缺乏细则，不能适应增量配电改革需要；缺乏试点项目退出机制，增加电网企业风险，给用户供电保障和地方经济发展带来不利影响。

三是政策措施中缺乏解决争议的机制。由于试点项目涉及重大的利益关系和复杂的技术问题，协商解决通常无法解决争议，亟需建立完善的争议解决机制。

（三）技术和服务标准不明确，配电网建设运营存在隐患

目前相关的政策措施中尚未对配电网技术和服务标准进行明确，多数试点项目招标文件也未能体现，部分招标文件即便附有运行服务技术规范，但是各不相同，缺乏统一的技术标准。

（四）国家政策未能得到严格执行，一些地方存在随意干预企业经营现象

一是业主招标不规范，仍有部分地方政府在试点项目的招标环节设置前置条件、排他性条款，或预留股份、变相指定业主，人为干预招标结果。

二是监管缺位，一些地方存在违规建设 220 千伏输电网、依托燃煤自备机组构建增量配电网等违规现象，扰乱了市场秩序。

三是一些地方打造"电价洼地",部分地区仍习惯性采取行政手段推进改革,为追求地方经济利益而对价格形成机制进行干预,导致项目经营困难。

（五）增量配电改革长远格局不清晰,电网管理面临破碎化风险

增量配电改革自启动以来,始终未能对增量配电改革的长远格局进行研究和明确,因而也无法用长远发展格局对当前工作给予指导,目前大规模开展的试点工作是否会走向误区值得思考。

（六）试点项目批复进度过快,背离了"先试点、再推广"的成功经验

增量配电改革中出现的问题,在没有形成有效的解决办法前,继续扩大试点范围对于矛盾的解决帮助不大,还会扩大矛盾存在范围,增加不必要的改革成本。

三、有关政策建议

（一）坚持增量配电网统筹规划,保障试点项目有序开展

一是加强配电网统一规划管理。省级主管部门应定期组织编制发布省（区、直辖市）电力发展规划（含输配电网规划）,并督促地市级主管部门制定发布科学权威、内容完善的地区配电网统一规划,为增量配电网项目规划编制提供有效依据。

二是规范增量配电网规划编制和审批制度。增量配电网规划方案应由省级主管部门组织评审,及核准批复,保障上下级规划协调衔接。

三是加强配电网规划设计研究单位的资质管理,提高规划报告的工作质量和技术水平。

（二）细化各项政策措施，完善争议解决机制

一是细化存量资产处置程序。建议中央相关主管部门衔接配合，简化相关审批程序，并对入股、出售、产权置换、租赁等不同处置方式提出切实可行的操作细则。

二是完善增量配电网价格机制。省级价格主管部门可根据当地实际情况，在第二轮省级电网输配电价的核定工作中，有针对性的优化完善输配电价的结构，保证配电价格有一定的盈利空间，促进增量配网健康发展。

三是建立试点项目退出机制。对于前期试点申报存在"先天不足"、市场主体缺乏投资意愿的试点项目，建议政府建立试点退出机制。

四是完善争议解决机制。明确争议解决的受理机关、受理方式以及受理程序，通过机制建设保障争议的妥善解决，推进试点项目有序推进。

（三）明确配电网技术和服务技术标准，确保电网安全和供电质量

一是尽快组织开展研究，提出涵盖设备、建设、运行、服务等全方位内容的配电网技术和服务标准，有效指导试点项目招标、工程建设、并网运行、服务客户等工作。

二是配电企业要坚持"安全第一、预防为主、综合治理"的方针，遵守有关供电安全的法律、法规和规章，加强供电安全管理，建立、健全供电安全责任制度，完善安全供电条件，维护电力系统安全稳定运行。

（四）严格执行改革政策，加强违规行为监管

一是对试点项目准入应坚持"公开、公平、公正"原则。增量配电

业务试点进行行业主招标时，应严格遵循《有序放开配电网业务管理办法》中的规定，在明确合理准入门槛条件下，平等对待社会资本、地方政府所属企业、电网企业等各类主体，依据规定公正地选择投资主体。

二是加强对改革中违规现象的监管，保障改革试点顺利实施。

三是落实国家电价政策机制，避免对增量配电试点项目电价的不合理干预。

（五）加强增量配电改革长远目标研究，有效指导当前工作开展

一是按照"促发展、提效率、开放社会资本、推进混合所有制改革"的总目标，组织开展相关研究和论证，提出更加清晰的增量配电改革目标和配电网未来经营管理格局。

二是准确把握增量配电改革的体制改革内涵，把体制机制作为改革的着力点，避免就增量配电论增量配电，避免以项目投资思维代替体制改革思维。

三是充分认识配电业务自然垄断的属性，在深入研究配电网发展规律的基础上，从宏观上把握配电业务改革的发展趋势，推动电力行业健康可持续发展。

四是协调推进混合所有制改革与行业体制改革，把改善用户和社会福利作为改革的落脚点。

（六）控制项目审批节奏，规范项目上报和审批管理

一是探索试点项目评估机制，对前三批批复的320个试点项目进行全面评估，通过评选示范项目，树立标杆，总结推广试点实施和配售电公司运营经验，发挥典型引领作用。

二是加强对项目申报文件的引导和管理，将项目规划方案、配电区

域划分、存量资产处置等内容放到项目报批的阶段进行规范，在项目批复时要对以上内容进行审核批复，并将结果予以公示。对于那些论证不充分、盲目上报的项目，在项目审批环节要予以淘汰。

课题组长　魏昭峰

主要成员　潘荔　薛静　张卫东　刘旭龙　马超

协作单位　国家电网有限公司　中国南方电网有限责任公司

　　　　　　内蒙古电力（集团）有限责任公司

　　　　　　中国华能集团有限公司　国家电力投资集团有限公司

　　　　　　中国长江三峡集团有限公司　广东省能源集团有限公司

当前电价政策机制相关问题[1]

　　目前，我国已经初步建成具有中国特色的电价体系和监管制度框架，为电力行业健康发展和电力市场建设完善提供了有力支撑。但是，通过电力企业经营发展和电力市场建设实践，可以看到目前电价管理中仍存在体制机制顶层设计有待加强、行政性降价造成电力企业经营困难、可再生能源电价和补贴机制亟待理顺等问题。为此，中电联组织开展了当前电价政策机制相关问题调研，调查了解当前电价政策机制执行落实情况及对电力企业的影响，梳理分析电力企业在执行相关电价政策机制过程中遇到的问题，提出了加强电价体制机制顶层设计、理顺可再生能源电价和补贴机制、完善辅助服务补偿机制等政策建议，为政府完善电价政策和推进电价改革提供有益参考。

一、我国电价政策机制现状

　　从我国电价政策机制发展历程来看，我国电价政策机制发展历程大致可以分成四个阶段：计划管理阶段（1949—1985 年）、电价政策改革和调整阶段（1985—2002 年）、电力市场化改革过渡阶段（2002—2015

---

[1] 中电联 2020 年重大调研课题

年）和全面深化电力改革阶段（2015 年至今）。

全面深化电力改革启动以来，我国电价工作按照《中共中央国务院关于进一步深化电力体制改革的若干意见（中发〔2015〕9 号)》要求，建机制、推改革，取得了显著成效。一是基本建立了涵盖省级电网、区域电网、跨区跨省专项工程、地方和增量配电网的输配电价体系以及对其各环节实施成本监审机制，输配电价改革成为我国首个全面完成的电力体制改革专项任务（见表 1、表 2)；二是发用电计划加速放开，市场交易规模大幅提高，推动上网、销售环节政府定价快速向市场定价转变，促进了电力资源优化配置；三是以较低电价水平满足经济社会电力需求，向电力用户和全社会释放了巨大的改革红利。

表 1　我国主要发电类型上网电价一览表

发电类型	上网电价	备注
煤电	基准价 + 浮动机制	按是否脱硫、脱硝、除尘和超低排放给予不同价格补偿
气电	各省单独定价	部分省份执行两部制电价
水电	按经营期上网电价 省内实行标杆价格 跨省根据受电市场平均上网电价倒推	
风电	全国分四类资源区，实行指导价	超过燃煤基准价部分通过可再生能源电价附加补贴
光伏	全国分三类资源区，实行指导价	超过燃煤基准价部分通过可再生能源电价附加补贴
核电	按技术类型分类，实行标杆价格	
生物质能发电	秸秆发电全国统一标杆价，垃圾焚烧发电根据吨位折算上网电量全国执行统一标杆电价	列入补贴清单的项目，可获得可再生能源补贴

（来源：国家发展改革委）

表2　我国各类销售电价政策一览表

电价政策	内容	适用范围
单一制电价	电度电价	居民生活用电 农业生产用电 一般工商业及其他用电
两部制电价	电度电价＋基本电价	大工业用电 部分地区315千伏·安及以上的一般工商业
居民阶梯电价	用电价格随用电量增加呈阶梯状逐级递增	城乡一户一表居民生活用电
峰谷分时电价	对峰、谷、平各时段分别制定不同的电价水平	大工业用户 有条件的地区，用电容量100千伏·安及以上的非普工业和其他电力用户
差别电价	根据加价标准，向用户征收高于普通电价的电费	列入国家淘汰类和限制类的高耗能企业 单位产品能耗（电耗）超限额标准的生产企业
惩罚性电价	为规范企业能耗等行为而征收的电费	能耗水平超过国家和地方规定限额标准的产品和企业

（来源：国家发展改革委）

　　通过与可获得数据的35个经济合作与发展组织（OECD）国家电价进行比较，可以看出，虽然我国整体销售电价水平在国际上处于较低位置，但是居民电价和工业电价之间的比价关系与国际上大部分国家差异很大。国际上，居民电价普遍高于工业电价，居民电价平均为工业电价的1.5倍，我国居民电价则为工业电价的85％。这主要是由于我国在长期政府定价过程中，形成了较大金额的电价交叉补贴造成的，电价交叉补贴使得各类别用户用电价格与实际供电成本发生偏离（见表3）。

表3 中美电价水平对比（2019年）

项目	中国［元/（千瓦·时）］	美国［元/（千瓦·时）］	中美对比（%）
销售电价	0.618	0.732	84
其中：工业	0.635	0.472	135
商业	0.680	0.722	94
居民	0.542	0.901	60
上网电价	0.357	0.419	85
输配电价	0.188	0.299	63

注：1. 中国电价数据为国家电网公司经营区域平均电价水平，美国电价数据来源于美国能源信息署（EIA）。

2. 美国平均销售电价为居民、工业、商业、交通四个类别的加权平均价。

3. 中美两国销售电价均为含税电价，并包含政府性基金和附加。

4. 2019年人民币兑美元汇率按6.908计算。

二、当前电价政策机制存在的主要问题

（一）适应电力市场化发展的电价体制机制顶层设计有待加强

一是适应我国国情和电力市场化发展的电价理论研究不足。一方面，对电价理论和实践的总结提升不够，电价研究大多以解决电价体制和管理中存在的具体问题为目标，缺乏系统的、完整的电价理论与方法体系支撑；另一方面，生搬国外经验和理论的情况屡见不鲜，机制前瞻性不够，使电价改革缺少明确的方向指引，不利于传统电价管理体系向基于市场的管理过渡衔接。

二是电价改革和管理中遵循电力商品属性不足。各类用户电价交叉补贴严重；销售电价中政府性基金附加占比较大；行政干预电价的情况较多。

三是电价改革中仍未全面树立市场定价理念。目录电价、标杆电价的概念根深蒂固，导致电力市场中目录电价、标杆电价的"身影"仍随处可见；电力市场建设缺乏辅助服务市场、容量市场、输电权市场等配

套机制；电源项目建设的政策环境不稳定，项目管理中行政审批色彩依然浓厚，投资主体难以获取长期有效的价格信号。

四是电价监管体系有待完善。能源主管部门、物价部门、市场监管部门对于电价监管的职责不清晰；地方政府经常为维护地方利益推动主导市场化改革，有形的手过多干预市场；电力企业、电力用户等利益相关方以及行业协会等第三方参与电价政策研究制定不够；电价管理部门对电力市场交易价格监测、统计和发布工作亟待加强等。

（二）连续降电价措施造成电网企业经营困难

一是降价降费政策造成电网企业经营困难。电网企业盈利能力不足导致资本金筹措困难，融资成本增加，影响电网可持续发展和国家重大战略落实。

二是转供电加价影响了降价红利释放。部分产业园区、商业综合体等转供电经营者，并未及时贯彻国家降价措施将降价红利传递到终端用户，甚至存在在国家规定销售电价之外乱加价的行为。

三是输配电价定价机制需要继续完善。以严格压降输配电成本为主要监管思路，难以发挥电网主动性；电网监管中部分关键条款仍存在争议；核定的输配电价难以完全执行到位。部分省份在电力市场中没有采用"市场价 + 核定输配电价 + 政府性基金及附加"的顺价模式。

（三）可再生能源电价和补贴机制亟待理顺

一是补贴资金缺口持续扩大，现行补贴机制难以为继。2012—2019年，国家电网、南方电网经营区域内纳入补贴目录以及未纳入补贴目录的补贴拖欠额合计约3177亿元。在国家致力于降低实体经济用能成本的大环境下，预计补贴资金缺口将持续扩大，若无其他新增资金来源，现行补贴机制将难以为继。

二是可再生能源项目参与市场交易电量的补贴标准亟待明确。对于新能源发电企业来说,原有的计划保障体制正在被逐渐打破,基数电量在逐年减少,能否继续享受补贴是企业决策是否参与电力市场的重要因素。

三是可再生能源绿色电力证书制度亟待完善。由于绿证交易属于自愿交易行为,并且绿证无法转让,导致绿证的成交量偏低,大量核发绿证滞销,绿证制度并未达到预期的政策目标。

(四) 水电电价政策遇到新的问题

一是水电标杆上网电价机制有待完善。一方面,水电电价仅考虑投资成本或通过市场交易回收投资,没有考虑投资水电工程实现的其他社会效益的功能;另一方面,近年来国家持续降低社会用电成本,一些省份多轮次下调水电电价,对水电企业经营发展造成较大压力。

二是水电参与市场交易定价机制不合理。相较于小水电,大型水电承担更多的社会责任,由于建设、移民等成本较高,在同质化市场竞争下处于劣势;不少地区推动水电全电量参与市场化交易,造成大型调节水电结算电价大幅下降,水库调节价值难以体现。

三是水电跨省跨区送电价格机制不健全。受端地方政府既作为购电方参与中长期电力交易价格协商,又作为主管部门主导跨省跨区落地电量参与当地市场化交易规则和价格政策制定和管理,发电企业很难获得公平协商待遇;跨省跨区电价没有考虑大型水电为受电省区提供调峰、调频、自动发电控制 (AGC) 、自动电压控制 (AVC) 等辅助服务的补偿;新建水电电价与市场接纳能力矛盾突出。

(五) 燃煤机组上网电价政策仍需完善

一是受政策影响近年来煤电行业总体经营困难。煤电联动机制自建立以来，始终存在煤电联动不及时、电价调整不到位的问题，导致煤电企业合理收益难以保证。

二是可再生能源富集地区煤电企业生存面临严峻考验。四川煤电机组发电利用小时数自 2016 年以来逐年递减，省调煤电机组利用小时数在 1800～2900 小时之间持续低水平徘徊；云南煤电机组发电利用小时数从 2009 年的 5348 小时降至 2016 年的 1264 小时，2016 年、2017 年全年维持最小方式运行；甘肃省内可再生能源发电装机已占统调装机的 60%，发电量占统调发电量的 36.7%，煤电机组发电小时数多年维持在较低水平。

三是"基准价＋上下浮动"机制仍需完善。新机制下，由于基准价是按照现行煤电标杆上网电价确定，也就继承了 2017 年以来电煤价格高涨而标杆电价应调未调的影响，导致现行基准价不能完全反映真实的发电成本；新机制规定了上下浮动的范围和 2020 年只能下浮不能上浮，难以及时反映燃料价格的变化和市场供求的变化；新机制人为划分了参与市场交易部分和执行"基准价＋上下浮动"的类市场交易，割裂了除优先发电计划外的电量类别，不利于通过市场交易形成价格的信号的准确性。

（六）天然气发电电价机制有待完善

一是天然气发电燃料成本较高，燃气发电经营困难。一方面，上游的天然气成本难以通过电价顺利传导，遏制了企业投资积极性；另一方面，随着国家降电价压力增加和地方政府补贴力度退坡，电网公司的收购压力也会加大，燃气机组的生存空间将被进一步挤占。

二是现有的价格机制无法体现气电调峰价值，制约燃机的健康可持续发展。

（七）辅助服务价格和补偿机制仍不健全

一是调峰辅助服务与电力现货市场存在功能重叠。随着电力现货市场的逐渐建设，通过日前市场和实时市场，价格的实时变化会自然引导发电企业主动参与调峰，因此调峰可不再作为单独的辅助服务品种。

二是容量备用辅助服务市场亟待建立。在水电、风电、光伏发电等可再生能源资源丰富地区，由于缺乏容量电价或容量市场等固定成本回收机制，火电企业经营发展难以保障，对电力系统安全也将造成威胁。

三是辅助服务成本传导机制不健全。目前相关省区开展辅助服务市场试点中，辅助服务费用仅在发电企业内部循环。无论按照两个细则还是目前的市场化试点规则，辅助服务费用都没有合理的向下游传导的机制。

四是辅助服务市场用户参与机制亟待建立推广。目前，只有少数省市开展了用户参与辅助服务市场试点，用户参与辅助服务市场机制亟待建立和推广。

三、有关措施和政策建议

（一）加强适应电力市场化发展的电价体制机制顶层设计

总结我国电价管理和电力市场交易的实践，借鉴各国经验，研究提出系统完整、具有中国特色的电价理论，为电价政策措施制定提供有效支撑；进一步还原电力商品属性，妥善解决电价交叉补贴问题，逐步减少与电力无关的政府性基金及附加，避免频繁使用行政性降电价政策措施，使电价管理体制机制回归到制度化、规范化、市场化的正常轨道上来；加快构建职责明确、界面清晰、衔接顺畅的电价监管体系，建立健全市场交易和价格信息公开机制。

（二）多措并举，缓解电网企业经营压力

引导电网企业精准投资，提高投资效率，对公益性供电服务业务实施政府投资和相应补贴；提升输配电价监管独立性和科学性，合理核定输配电价，保障电网发展经营能力；完善电网企业业绩考核机制；持续加大清理转供电环节截留降价红利工作力度。

（三）理顺可再生能源电价和补贴机制

按照"价补分离、总额管控"模式优化存量可再生能源补助资金管理；加大对可再生能源发电项目金融支持力度，切实解决企业融资问题；促进可再生能源电力消纳保障机制与绿证交易制度有效衔接，推动可再生能源发电量交易与绿证交易分离的市场交易机制。

（四）进一步完善水电电价机制

对具有防洪、灌溉、通航等功能性作用的水电项目和提供系统辅助服务的水电项目，研究制定相应的补偿机制；统筹大型水电开发外送规划，完善水电跨省跨区送受电价格机制；合理减轻水电行业税负。

（五）完善煤电上网电价机制

合理疏导电煤价格波动，缓解煤电企业经营困难；对以可再生能源发电为主的电网推行火电机组备用容量补偿机制，针对长期为可再生能源发电提供调峰、调频、备用等辅助服务的煤电机组逐步实施两部制电价，缓解火电企业严重的生存问题。

（六）完善天然气发电电价机制

推行"两部制"电价制度，完善天然气价格与上网电价联动机制；

加快建设电力现货市场，充分发挥天然气发电灵活调节特性，参与系统调峰、调频，保障天然气发电机组合理收益。

（七）完善辅助服务补偿机制

同步推进电力现货市场与辅助服务市场建设；利用市场化机制调动市场主体参与辅助服务的积极性，形成基于竞争的市场化价格发现机制；按照"谁使用谁分摊"原则，推动参与电力市场用户承担辅助服务费用，形成合理的辅助服务费用传导路径；支持电力用户通过可中断负荷、峰谷负荷需求响应、分散式用户储能等措施参与辅助服务市场，促进电力系统灵活调节资源更大范围的优化配置。

课题组长　于崇德

主要成员　潘荔　叶春　张卫东　刘旭龙

协作单位　国家电网有限公司　中国南方电网有限责任公司
　　　　　　　中国华能集团有限公司　中国大唐集团有限公司
　　　　　　　中国华电集团有限公司　国家能源投资集团有限责任公司
　　　　　　　国家电力投资集团有限公司　中国长江三峡集团有限公司
　　　　　　　中国核工业集团有限公司　中国广核集团有限公司
　　　　　　　广东省能源集团有限公司　浙江省能源集团有限公司

第四篇

煤电清洁高效利用

中国煤电清洁发展[1]

2017 年以来，有关煤电环境影响的争论持续发酵，引起公众、政府有关部门和电力企业的高度关切。为应对舆论关切，中电联编制了《中国煤电清洁发展报告》。该报告全面展示了煤电污染物治理、应对气候变化、节能降耗等方面的工作和成效，同时对煤电清洁发展进行了展望，提出了中国煤电清洁发展的路径。报告对于消除公众关于"煤电导致雾霾"的误解、提升"煤电在治理雾霾中发挥作用"的认识发挥了重要作用。

一、煤电发展状况

电能占终端能源消费比重和煤炭转化为电力比重是衡量一个国家现代化水平和煤炭清洁化利用的重要标志，中国以煤为主的资源禀赋决定了能源消费以煤为主的格局，也决定了以煤电为主的电力生产和消费结构。长期以来，煤电发挥着保障电力安全稳定供应、应急调峰、集中供热等重要的基础性作用，同时也是平衡电价水平的坚实基础。

---

[1] 中电联 2017 年重大调研课题

（一）能源与煤炭

1978 年改革开放以来，尤其是近十年以来，中国一次能源生产总量和消费总量快速提高。2016 年，中国能源生产总量达到 34.6 亿吨标准煤当量，能源消费总量达到 43.6 亿吨标准煤当量。其中，原煤生产占能源生产总量的 69.6%、煤炭消费占一次能源消费总量的 62.0%（见图 1）。

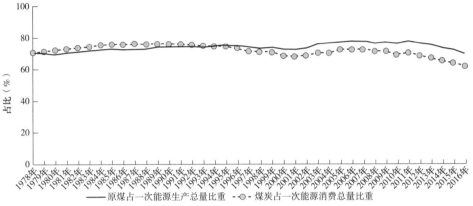

图 1　1978—2016 年中国原煤及煤炭占一次能源生产量及消费量比重

（数据来源：国家统计局）

（二）电力与煤电

电力与经济社会发展密切相关，是经济发展的先行官，是重要的生产资料和生活资料，电力发展对中国国民经济的快速增长发挥了强有力的支撑作用。中国发电量从 2010 年开始居世界第一位，发电装机从 2011 年开始居世界第一位。根据中电联统计，截至 2016 年年底，发电装机容量达 16.5 亿千瓦，其中煤电装机容量 9.5 亿千瓦，占发电装机总量的 57.3%；发电量达 6.0 万亿千瓦·时，其中燃煤发电量约 3.9 万亿千瓦·时，占总发电量的 65.5%。随着风电、太阳能等新能源加速发展和用电负荷特性变化，系统对调峰容量的需求不断提高。美国灵活性电源占比达到44%，中国仅为6%（不含灵活性改造煤电）。在现有的资源条件下，煤电是中国最重要、最可靠的调峰电源。

（三）煤电与供热

煤电机组除供应电力外，也可为电厂周边居民及工业企业供应蒸汽或热水，供热机组在中国北方地区普遍应用。2005年以来，供热机组比例逐年提高，6000千瓦以上供热机组的比例由2005年的14.2%提高至2016年的37.0%（见图2），供热量由2005年的19.3亿吉焦耳增长至2016年的38.6亿吉焦耳。同时，供热机组已经成为解决北方城市散煤污染的最有效方式，如辽宁2台30万千瓦机组新建热电项目，项目替代关停供热范围内1台10万千瓦和2台2.5万千瓦供热机组、10处锅炉房的27台燃煤锅炉，项目投产后区域二氧化硫、氮氧化物、烟尘年排放总量分别下降3934、3510、1325吨。

图2　2005—2016年中国供热机组占火电装机比重情况

（数据来源：中电联）

（四）煤电与电价

煤电在支撑用电和用热需求的同时，还发挥了稳定当前电力价格水平的作用。尽管风电、太阳能发电等非化石能源发电成本逐年下降，但与煤电相比价格仍然较高。2016 年，中国煤电平均标杆电价为 0.364 4元/（千瓦·时）（含脱硫、脱硝和除尘电价），其中西北煤电基地平均标杆电价为 0.291 8 元/（千瓦·时）（见图 3）。煤电平均标杆电价与水电基本相当，略低于核电，但比气电、风电、光伏发电等具有明显的价格优势，有效抑制了高成本非化石能源大规模发展带来的用电成本提高。

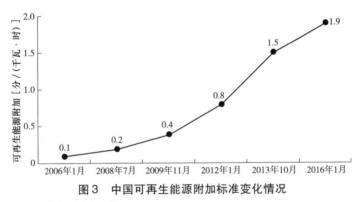

图 3　中国可再生能源附加标准变化情况

（数据来源：国家发展改革委等）

二、煤电清洁发展行动

作为以煤电为主的电力系统，中国长期致力于发电技术、污染物控制技术的创新发展。发电装备技术方面，超超临界常规煤粉发电技术达到世界先进水平，空冷技术、循环流化床锅炉技术达到世界领先水平。污染治理技术方面，中国燃煤电厂燃煤煤质复杂，燃煤平均发热量与挥发分偏低、硫分和灰分偏高，二氧化硫、烟尘和氮氧化物的原始生成浓度较高，且大多为环保技术改造项目，通过自主研发和引进消化吸收再创新，燃煤电厂大气污染物控制装置形成了全覆盖，治理技术总体达到世界先进水平，部分领域达到世界领先水平。

（一）发电装备技术水平

从 1956 年第一台国产 6000 千瓦煤电机组投运开始，经过数十年的不懈努力，中国在发电装备技术水平方面，实现了从低效到高效、从高污染物排放到低污染物排放、从依靠进口到全面国产化的大跨越。截至 2016 年年底，中国已投产百万千瓦等级机组达到 96 台，30 万千瓦及以上火电机组比例由 1995 年的 27.8% 增长至 2016 年的 79.1%，提高了 51.3 个百分点。"十一五"以来，累计关停小火电机组 1.1 亿千瓦。

中国煤电技术进步主要体现在以下三个方面：一是超超临界机组发电技术达到世界先进水平。从世界范围看，中国超超临界机组在单机容量、蒸汽参数、机组效率、供电煤耗等方面均达到世界先进水平，并已实现出口，为我国电力企业推动国际产能和装备制造合作、持续推进"一带一路"倡议打下了坚实的基础。二是空冷发电机组技术应用达到世界领先水平。火电是中国取水量最大的行业之一，中国又是水资源短缺的国家，采用空冷发电技术是中国东北、华北、西北富煤贫水地区电力可持续发展的必然选择，具有显著的社会效益和经济效益。中国从"十五"开始出口空冷机组，2010 年全球首台百万千瓦级超超临界空冷机组在宁夏华电灵武电厂投产，该机组由中国自主研发、制造和建设，与同等容量湿冷机组耗水量相比，2 台 106 万千瓦空冷机组年可节水 2664 万吨，节水率达 80.6%，相当于近 80 万人一年的用水量。三是循环流化床锅炉技术应用达到世界领先水平。循环流化床燃烧技术具有对煤种适应性广等优点，2013 年 4 月投运的四川白马循环流化床示范电站 60 万千瓦超临界机组是中国第一台超临界循环流化床机组，也是当时世界上容量最大的循环流化床机组，标志着中国循环流化床锅炉设计、制造、运行技术已经达到世界领先水平，同时该机组的投运被国际能源署评价为循环流化床技术发展历史上的里程碑事件。

（二）污染治理技术水平

随着煤电装备技术水平、污染治理技术水平的快速提高，煤电机组结构的持续优化，管理水平的持续进步，中国燃煤电厂实现了从设计、施工、投运到关停的全过程管理；实现了从供电煤耗、排放浓度、总量控制、监管、统计等全方位管理；实现了气、水、声、渣全要素的管理，实现了煤电全面的清洁化发展。

烟尘治理技术方面。随着烟尘排放限值要求越来越严，除尘技术快速发展，不断更新换代。20世纪90年代初，中国主要以机械除尘和湿式除尘为主，文丘里除尘器占27%、水膜除尘器占12%、电除尘器占30%，行业平均除尘效率在94.2%左右。90年代后，中国开始推广高效的电除尘器，到2000年电除尘器占比达到80%，其他为文丘里除尘器、水膜除尘器等，行业平均除尘效率达到98%；2005年电除尘器占比提高至95%，其他为文丘里除尘器等，行业平均除尘效率达到98.5%；到2010年电除尘器占比仍为95%，其他5%升级为更为高效的袋式、电袋复合除尘器，行业平均除尘效率达到99.2%；"十二五"以来，袋式、电袋复合除尘器快速发展，行业平均除尘效率达到99.9%以上。

二氧化硫治理技术方面。自20世纪80年代后期，中国开始研究烟气脱硫技术。20世纪90年代，先后从国外引进了各种类型的烟气脱硫技术，开展了示范工程建设，为大规模开展烟气脱硫奠定了技术基础。进入21世纪，火电厂二氧化硫控制步入以烟气脱硫为主的控制阶段。通过自主研发和在引进国外脱硫技术的基础上消化、吸收、再创新，中国已有石灰石—石膏湿法、烟气循环流化床、海水脱硫、半干法等十多种烟气脱硫工艺技术并得到应用。截至 2016 年年底，中国已投运燃煤电厂烟气脱硫机组容量约 8.8 亿千瓦，占煤电机组容量的 93.6%，加上具有脱硫作用的循环流化床锅炉，脱硫机组占煤电机组比例接近 100%。2005—2016 年，累计新增脱硫设施 8.3 亿千瓦，脱硫装置年建设量（含改造量）创造了世界奇迹。目前，燃煤电厂脱硫效率大部分大于 97%，部分甚至达到 99% 以上。

氮氧化物治理技术方面。"十二五"开始大规模的烟气脱硝建设及改造。常规煤粉炉基本采用选择性催化还原（SCR）脱硝技术，部分循环流化床锅炉（CFB）及极少数常规煤粉炉采用选择性非催化还原（SNCR）脱硝技术或者 SCR – SNCR 联合脱硝技术。截至 2016 年年底，中国已投运火电厂烟气脱硝机组容量约为 9.1 亿千瓦，占火电装机容量 85.8%，其他为燃气机组或者循环流化床锅炉（CFB）锅炉。2011—2016 年，累计新增脱硝机组 8.2 亿千瓦，年平均投运脱硝容量超过 1 亿千瓦。

废水治理技术。中国在火电厂用水优化设计、循环水高浓缩倍率水处理技术、超滤反渗透的应用边界拓展、高盐浓缩性废水处理等方面已经走在世界前列。

固废综合利用技术。粉煤灰可用于生产建筑材料（如，水泥、加气混凝土、陶粒、砂浆等）、生产筑路材料（如，作路面基层材料、水泥混凝土路面等）、作为回填材料、农业以及提取高价值产品（如，提取漂珠）等。脱硫石膏可用于水泥缓凝剂、石膏建材、改良土壤、回填路基材料等。目前，国内外燃煤电厂脱硫石膏和粉煤灰均以大宗利用为主，综合利用技术水平相当。

三、煤电清洁发展成效

在节能环保法律法规的约束下，在国家节能减排政策的引导和支持下，在先进燃煤发电技术、污染治理技术的支撑下，中国燃煤电厂清洁发展成效巨大，大气污染物排放量、单位发电量污染物排放量大幅度下降，废水排放控制、固体废物综合利用、供电煤耗、发电水耗等均达到世界先进水平，碳排放控制水平显著提升，为中国和全球环境保护事业做出了重大贡献。

一是大气污染物排放量快速下降。烟尘、二氧化硫、氮氧化物是煤电的主要大气污染物，虽然 1979—2016 年火电发电量增长了 17.5 倍，但经过专业高效的污染治理及持续的提效改造，煤电三项污染物排放大幅下降。烟尘排放量由 1979 年的约 600 万吨，降至 2016 年的 35 万吨左右，下降了 94%；二氧化硫排放量在 2006 年达到顶峰 1350 万吨，2016 年降至 170 万吨左右，比峰值下降了 87%；氮氧化物排放量 2011 年达到顶峰 1000 万吨左右，2016 年降至 155 万吨左右，比峰值下降了 85%。从电力二氧化硫、氮氧化物排放量削减对国家污染物总量的排放贡献看，"十一五"期间，电力二氧化硫排放量减少 374 万吨、非电二氧化硫排放量增加 92 万吨，电力对全国的贡献率达到 132.6%；"十二五"期间，电力二氧化硫、氮氧化物排放量分别减少 726 万、770 万吨，非电二氧化硫、氮氧化物排放量分别增加 319 万、347 万吨，电力对全国贡献率分别达到 178.4%、182.0%，也就是说电力行业的二氧化硫、氮氧化物的减排贡献在完成全国污染物总量目标的基础上，有力地抵消了其他行业二氧化硫和氮氧化物排放量增加的态势。从火电单位发电量污染物排放量看，每千瓦时烟尘排放量由 1979 年的 25.9 克降至 2016 年的

0.08克，下降99.7%；每千瓦时二氧化硫排放量由1980年的10.11克降至2016年的0.39克，下降96.1%；每千瓦时氮氧化物排放量由2005年的3.62克降至2016年的0.36克，下降90%（见图4）。

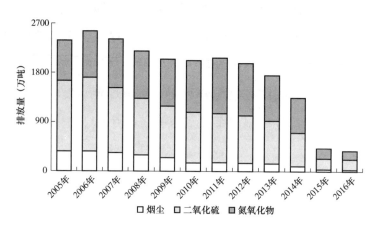

图4　2005—2016年电力三项大气污染物排放总量变化情况

（数据来源：中电联）

二是发电效率持续提高。煤电机组效率是电厂综合技术水平的集中表现，中国一般采用供电煤耗的高低表示煤电机组效率的高低，供电煤耗越低，机组净效率越高。随着煤电机组的"上大压小"、供热机组比重的提高和节能改造的广泛实施，中国火电机组供电煤耗持续下降。2016年，全国6000千瓦及以上火电机组供电煤耗312克/（千瓦·时），比1978年的471克/（千瓦·时）下降了159克/（千瓦·时），降幅达到33.8%。不同容量等级机组供电煤耗均实现了下降，从各机组等级供电煤耗统计情况看，与2006年相比，2016年60万千瓦等级的火电机组供电煤耗下降20克/（千瓦·时），30万千瓦等级的火电机组供电煤耗下降26克/（千瓦·时），20万千瓦等级的火电机组下降45克/（千瓦·时），10万千瓦等级的火电机组下降56克/（千瓦·时），10万千瓦以下等级的火电机组下降103克/（千瓦·时）（见图5）。

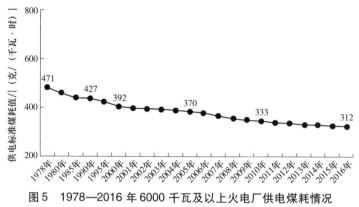

图5　1978—2016 年 6000 千瓦及以上火电厂供电煤耗情况

（数据来源：中电联）

三是碳排放强度不断下降。中国电力行业二氧化碳排放占全国能源消耗产生二氧化碳排放总量的 40% 左右。2005 年以来，通过采取结构调整、技术减排、管理优化等方面的措施，电力行业碳排放强度持续下降。经中电联初步统计分析，2016 年，全国单位火电发电量二氧化碳排放约 822 克／千瓦·时，比 2005 年下降 21.6%。2015 年全国火电单位供电二氧化碳排放比 2010 年下降了近 8%，超额完成《国家应对气候变化规划（2014—2020）》提出的"2015 年全国火电单位供电二氧化碳排放比 2010 年下降 3% 左右"的目标要求。以 2005 年为基准年，2006—2016 年，通过发展非化石能源、降低供电煤耗和线损率等措施，电力行业累计减少二氧化碳排放约 94 亿吨，有效减缓了电力二氧化碳排放总量的增长幅度（见图6）。

四是耗水与废水排放逐年减少。2000—2016 年火电发电量增长 2.9 倍，火电耗水量仅增长 24%。火电发电水耗由 2000 年的 4.1 千克／（千瓦·时）降至 2016 年的 1.3 千克／（千瓦·时），降幅达到 68.3%。2016 年火电废水排放量约 2.6 亿吨，比 2005 年排放峰值 20.2 亿吨下降了 87.1%；废水排放强度由 2000 年的 1.38 千克／（千瓦·时）降至

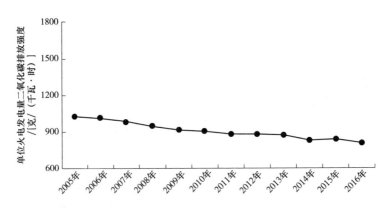

图6 2005—2016 年火电二氧化碳排放强度变化情况

（数据来源：中电联）

2016 年的 0.06 千克/（千瓦·时），降低 95.7%。

五是固废综合利用水平不断提高。2016 年全国燃煤电厂产生粉煤灰约 5 亿吨，综合利用率约为 72%；产生脱硫石膏约 7250 万吨，综合利用率约 74%。

六是从煤电清洁发展国际比较看，2015 年中国燃煤发电量是美国的 2.4 倍、火电发电量是美国的 1.5 倍，烟尘、二氧化硫、氮氧化物 3 项污染物年排放总量与美国基本持平，美国为 437 万吨、中国为 420 万吨。从 2010 年起，中国煤电效率高于德国、美国等国家。2005 年以来，中国煤电碳排放控制水平高于美国、德国、加拿大、法国、英国等国家。

四、煤电清洁发展展望

绿色低碳是能源发展的大趋势，非化石能源将逐步替代化石能源，化石能源的能效水平及污染物控制水平将持续提高；中国煤电将持续发挥基础性和灵活性电源作用，并在一定的时期内继续扮演重要的角色；

尽管煤电清洁发展取得巨大成效，常规污染物将保持在较低排放量水平并持续下降，但在节能减排方面依然面临着艰巨的任务，尤其是碳排放将成为煤电重要的制约因素。

一是绿色低碳是能源发展的大趋势，非化石能源将逐步替代化石能源。降低煤炭在能源结构中的比重，大幅提高非化石能源比重，使清洁能源基本满足未来新增能源需求，实现单位国内生产总值碳排放量不断下降是中国能源转型的战略取向之一。从煤电自身的清洁发展水平看，预计烟尘、二氧化硫、氮氧化物三项污染物排放量分别由 2015 年的 40 万、200 万、180 万吨降至 2020 年的 20 万、90 万、90 万吨；煤电机组供电煤耗由 2015 年的 318 克／（千瓦·时）降至 2020 年 310 克／（千瓦·时）以下。

二是中国煤电将持续发挥基础性和灵活性电源作用。当前乃至二三十年内煤电仍是提供电力、电量的主体。从发展趋势看，煤电将逐步转变为提供可靠容量与电量的灵活性调节型电源，仍将发挥基础性作用。随着煤电定位的变化，严控发展规模、加快淘汰落后产能和大力实施灵活性改造是煤电的重要工作。

三是煤电清洁发展的任务依然艰巨。在未来较长时间内，大量压减散煤利用，降低煤炭在终端分散利用比例，大幅提高电煤在煤炭消费中的比重，可有效解决煤炭燃烧污染问题。煤电通过"源头减排、过程控制、末端治理"全过程管控污染物排放，常规大气污染物已经不是煤电发展的约束性因素。尽管煤电清洁发展取得巨大成效，常规污染物将保持在较低排放量水平并持续下降，但煤电污染控制仍需进一步提高设备的稳定性、可靠性和经济性，减少二次污染物产生；还要加大对其他微量元素污染物控制的研究与技术储备；还要在污染物控制中高度注重针对性与协调性，因地制宜地选择技术路线；要充分发挥市场作用，协调好煤电与气电、煤电与可再生能源的关系，在推进电力市场化改革过程中确保电力工业清洁低碳发展。

课题组长　王志轩
主要成员　安洪光　潘荔　刘志强　李云凝　石丽娜　杨帆　张博
　　　　　　张晶杰　孟清

防范和化解煤电产能过剩风险[1]

2016 年以来，煤电产能过剩风险逐渐凸显，必须采取切实有效的措施加以防范和化解。为此，中电联组织开展了防范和化解煤电产能过剩风险调研。该研究全面反映了煤电在建规模、布局和建设进度，开展了电力电量平衡计算，分析了在建项目停缓建可能带来的安全风险和经济损失，提出了"十三五"我国各区域煤电建设规模，并对淘汰落后产能、停缓建煤电项目、规范自备电厂管理等方面，提出了政策及措施建议。部分意见和有关建议被 2017 年 8 月 14 日国家发展改革委、工业和信息化部、财政部、国家能源局等有关部委联合印发的《关于推进供给侧结构性改革 防范化解煤电产能过剩风险的意见》所采纳。

一、煤电发展现状及市场定位

改革开放以来，我国经济持续高速发展，煤电在满足我国能源电力需求、促进装备升级和节能减排方面发挥了重要作用。

---

[1]　中电联 2017 年重大调研课题

（一）发展现状

煤电装机一直是我国主力电源。截至 2016 年年底，全国煤电装机 9.5 亿千瓦，占发电装机总量的 57.3%。煤电发电量约 3.9 万亿千瓦·时，占总发电量的 65.5%。煤电发展取得了巨大成绩。一是煤电装机结构不断优化，以大容量、高参数、节能环保型机组为主，30 万千瓦及以上机组占煤电装机比重已达到 88.3%，其中：100 万千瓦级机组 9682 万千瓦，占比为 10.3%；60 万千瓦级机组 3.4 亿千瓦，占比为 36.4%；30 万千瓦级机组 3.9 亿千瓦，占比 41.6%；30 万千瓦以下机组 1.1 亿千瓦，占比为 11.7%。二是我国燃煤电厂平均除尘效率达到 99.9% 以上，单位煤电发电量二氧化硫排放量达到 0.47 克，单位煤电发电量氮氧化物排放量降至 0.43 克，单位煤电发电量烟尘排放量降至 0.09 克，这些减排成效处于世界先进行列，电力大气污染物排放得到了有效控制。电力行业消费五成煤炭的体量，但在全国排放总量中占比仅为一成左右。三是燃煤发电效率大幅提升，我国在运百万千瓦超超临界二次再热燃煤机组发电效率可达 48.12%，供电煤耗 266.18 克/（千瓦·时），是目前世界上效率最高、能耗最低、指标最优、环保最好的机组。2016 年全国燃煤电厂供电标准煤耗为 312 克/（千瓦·时），近十年供电煤耗下降 15.7%。四是燃煤发电经济性优势明显，是长期支撑我国低电价水平的重要因素。全国燃煤发电平均标杆电价为 0.364 4 元/（千瓦·时）（含脱硫、脱硝和除尘电价），与其他发电类型电价水平相比，具有明显优势（见图 1）。

（二）市场定位

煤炭清洁高效利用，是迈向绿色低碳能源发展道路的重要战略途径。我国电煤占煤炭消费比重多年来一直在 50% 左右，远低于国外发达

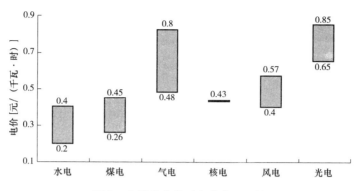

图 1　各类发电类型电价水平比较

（数据来源：国家发展改革委）

国家甚至是世界平均水平，如欧盟 81.7%、德国 85.7%、英国 82.1%、美国 92.8%，世界平均比例约 78%。压减散煤利用，提高电煤在煤炭消费中的比重，满足经济社会用电需要，决定了我国煤电主体电源的地位。煤电在系统中的定位将逐步由电量型电源向电量和电力调节型电源转变。煤电作为当前最经济可靠的调峰电源，其市场定位将由传统的提供电力、电量的主体电源，逐步转变为提供可靠容量、电量和灵活性调节型电源。电源结构优化及用电特性变化，使得煤电利用小时数下降成为新常态。我国煤电平均年利用小时数 2005—2013 年为 5308 小时（扣除 2008 年、2009 年金融危机造成用电增长不合理影响），2014 年、2015 年、2016 年分别为 4778、4364、4250 小时。目前煤电利用小时数低，既有电力富余的原因，也有电网负荷特性变化和煤电为新能源、核电等非化石能源发电"让路"的影响。为支撑更大规模的新能源消纳和系统运行，煤电利用小时数将维持低位运行的态势。目前我国煤电合理的利用小时数应在 4800 小时左右，"十三五"期间，将下降为 4500 小时左右（见图 2）。

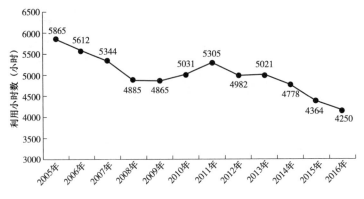

图2 2005—2016年我国煤电设备利用小时数

（数据来源：中电联）

二、煤电发展面临的主要问题

（一）全国电力供应总体富余，煤电利用小时数持续严重下滑

电力消费增速放缓，从2010年14.8%的两位数增长，降至2014年、2015年和2016年的4.1%、1.0%和5%，但同期电源装机保持较大规模增长，增速分别为8.9%、10.6%和8.2%。同时，煤电机组利用小时数逐年下降，目前已降至历史低位，全国煤电机组平均发电利用小时数2010年为5031小时，到2016年仅为4250小时，创1964年以来的年度最低值。

（二）规划失衡造成煤电建设规模超出需求预期，带来安全隐患和经济损失

目前，全国纳入规划及核准在建的煤电项目总规模达3.5亿千瓦，规划及核准在建项目若不加以控制，2020年我国煤电装机近13亿千瓦，将突破《电力发展"十三五"规划》控制在11亿千瓦以内的目标，煤电机组利用小时数将降至3500小时以下，电力供应能力将出现严重过剩局面。截至2017年4月底，全国在建煤电项目2.16亿千瓦，在建项目

停缓建涉及投资方、设计、施工、监理和制造等多方面的利益，若不采取合理有效措施，将给行业和企业带来较大的安全隐患和经济损失。

（三）局部地区燃煤自备电厂发展严重失控，问题突出

截至 2016 年年底，全国共有燃煤自备电厂 1.15 亿千瓦，近两年装机平均增速达 15.7%，比统调煤电装机增速高 10 个百分点。新疆燃煤自备电厂容量达到 1845 万千瓦，占全区燃煤机组总量的 40.5%。山东省仅魏桥集团自备煤电机组在运在建容量达 2617 万千瓦。内蒙古、辽宁、黑龙江、甘肃、广西自备电厂占本省火电装机比例均超过 10%。自备电厂建设及运营存在不规范甚至违规现象，带来诸多问题。一是平均煤耗比全国平均水平高 27%，部分环保设备存在降低排放标准现象，影响国家节能减排政策落实。二是一般不参与系统调峰，严重挤占清洁能源市场空间，影响新能源消纳。三是部分自备电厂拒交或少交国家征收的系统备用费、基金及附加，逃避应承担的社会责任。四是通过逃避国家规定的各项费用，以较低的电价进行转供电，造成与公用电厂不公平竞争。2016 年，燃煤自备电厂平均发电利用小时数比全国公用煤电高 18%。

（四）小煤电机组关停难度大

《电力发展"十三五"规划》明确，未来五年内，力争淘汰火电落后产能 2000 万千瓦以上。目前 30 万千瓦以下小火电机组约 1.1 亿千瓦，其中 7000 万千瓦为供热机组。2007 年以来，国家实施"上大压小"政策，累计关停小火电超过 1 亿千瓦，剩余待关停的小火电机组，大部分是热电联产或地处边远地区，普遍存在职工人数多、分流安置困难大、净资产高、关停资产损失计提难等问题。

（五）多重矛盾交织，煤电企业经营形势严峻

一是煤炭价格大幅上涨，导致煤电企业发电成本大幅增加，2017 年 3 月 27 日煤炭价格达到 649 元/吨，相比 2016 年年初上涨 75.4%，煤电单位发电成本增加 8.8 分。二是煤电上网电价连续下调，造成煤电企业对电煤价格的承受能力显著下降。2015 年以来两次下调全国煤电上网标杆电价，累计下调约 5 分/（千瓦·时），相当于煤电企业为社会和其他行业让利 2000 亿元。2016 年全国包括直接交易在内的市场化交易电量超过 1 万亿千瓦·时，度电价格下降 7.23 分，相当于让利 723 亿元。三是电力市场化改革措施不配套，"市场电"的环保补贴电价没有落实，煤电企业面临无法回收环保改造投资的困境。按照国家有关文件规定，煤电发电量环保补贴电价约 3.7 分/（千瓦·时）[脱硫度电补贴 1.5 分、脱硝为 1 分、除尘为 0.2 分，达到超低排放水平的再补贴 1 分/（千瓦·时）]。"电力改革中发 9 号文"出台后，煤电发电量"市场电"部分的环保补贴电价一直没有落实，煤电企业环保改造投资难以回收。四是煤电企业利润出现"断崖式"下降，亏损面和负债率明显上升。2017 年一季度，五大发电集团燃煤发电（含热力）整体亏损 27 亿元，亏损面达到 41.4%，负债率达 81.9%。大额亏损和高负债，严重影响发电企业的正常生产经营，危及企业安全稳定。

三、政策与措施建议

（一）严控煤电新增规模，促进煤电有序发展

根据《电力发展"十三五"规划》，2020 年煤电机组控制在 11 亿千瓦以内。目前，全国合规在建煤电项目 165 个、1.78 亿千瓦，另外，还有未核先建、违规核准、开工手续不全等在建项目 3800 万千瓦，合计

2.16 亿千瓦，计及淘汰落后产能关停 2000 万千瓦小机组，需要停缓建 3900 万千瓦。根据技术经济分析，当工程投资完成比例低于 30％ 时，项目至"十四五"续建，对企业造成直接经济损失相对有限，在做好合同履约、债权债务处理和安全防护的基础上，建议立即停建。当工程投资完成比例超过 30％ 时，停缓建造成投资增加达到 20％ 以上，企业经营负担加重；设备、实施防范措施加大，安全隐患风险更大。考虑煤电过剩阶段性特点，建议继续建设并网发电。国家能源主管部门应尽快明确停缓建项目清单，落实责任主体，明确时间节点，电网企业要严格按照清单安排不予停缓建项目并网，确保项目停缓建落地。

（二）优化煤电布局，促进网源协调发展，推动解决"三弃一限"问题

根据国家大气污染防治行动计划，12 条重点输电通道将于 2017 年年底全部投运。这些跨区输电通道起点均位于水电、风电和太阳能发电基地。在西部北部建设煤电项目，既有环境容量空间，又能够增加系统调节能力，有利于西部、北部风电、太阳能发电等新能源跨区消纳。新增四川水电外送通道落点华中东部，新增云南水电外送通道落点两广地区，推进西南水电的跨区消纳；核电限出力问题主要在辽宁、广西和福建省，消纳水电和限核地区均应严控新建煤电项目。建议在压减煤电产能过程中，将停缓建煤电项目与优化布局相结合，优先考虑发挥特高压跨区输电通道作用，有序推进西部北部煤电基地集约开发，严格控制东中部煤电建设，为清洁能源消纳创造条件。

（三）淘汰落后产能，提升发展质量

一是加大淘汰落后产能力度。淘汰服役年限长，不符合能效、环保、安全、质量等要求的煤电机组 2000 万千瓦。优先淘汰 30 万千瓦以

下运行满20年的纯凝机组和运行满25年的抽凝热电机组。加强行政执法和环保监督力度，严格控制小煤电机组供热改造，严禁排放不达标的煤电机组运行。二是出台小火电关停配套政策。在机组关停后，安排5年以上的过渡期发电量计划，被关停发电机组通过发电权交易获得一定补偿。支持合规在建的原上大压小搬迁重建项目不列入项目停缓建计划，出台小火电关停指导意见，解决老厂员工安置问题，减免相关税费，支持原企业转产为国家鼓励发展的行业。

（四）加强自备电厂管理，规范电力市场秩序

一是将自备煤电机组纳入压减煤电项目清单，未纳入国家电力规划的自备项目一律不得核准、建设，严控燃煤自备电厂发展。京津冀、长三角、珠三角等区域禁止新建燃煤自备电厂。公用系统可满足供电、供热条件的，不得安排自备电厂建设。二是细化自备电厂收费政策，明确系统备用费、基金及附加的收取方式、标准和范围，对拒绝执行政府性基金及附加费政策的自备电厂出台停限电办法，对被甄别为限制类、淘汰类的高耗能企业所属自备电厂的自发自用电量执行差别电价，切实承担社会责任。三是开展自备电厂建设及运行专项检查，国家有关部委牵头成立联合检查组，专项检查自备电厂建设及运行情况。杜绝自备电厂违规建设问题，禁止公用电厂违规转为自备电厂；规范自备电厂运营管理，服从电网统一调度，承担调峰义务。加强自备电厂污染物排放管控，明确采用与公用电厂完全一致的考核标准。

（五）完善调控政策和协同机制，降低煤电企业经营负担和风险

一是停止实施先进产能煤矿减量化生产，有效增加煤炭市场供给量，保障电煤供应，合理下调煤价，降低燃料成本。在淘汰落后产能基础上，建议全国所有先进产能煤矿均取消减量化生产措施，有效增加煤

炭市场供给量。积极引导社会舆论，从严查处价格欺诈、囤积居奇、哄抬价格等违法行为，避免价格信号失真误导市场预期，扰乱市场秩序，引导煤价回归合理区间。二是完善并启动煤电联动机制，2016 年以来全国煤价上涨幅度已超过 75%。建议以 6 个月为调整周期、价格波动超过5% 进行电价联动调整，合理疏导煤电企业发电成本。三是完善煤电电价定价机制和辅助服务补偿机制，引导煤电行业转型升级。当前，煤电标杆电价定价边界条件和煤电在系统中的作用已经发生深刻变化，煤电的燃料成本、人工成本明显上升，煤电合理利用小时数持续下降，建议随着电力市场建设的推进，逐步实施两部制电价，明确容量电价和电量电价。尽快制定煤电机组调峰、调频、备用等辅助服务补偿机制，扩大辅助服务市场试点，加快辅助服务市场建设，提高煤电企业参与辅助服务的积极性。另外，由于在新的电力市场环境下，煤电的利用小时数下降，环保成本相对上升，目前市场化交易电量的环保补贴全部由发电企业承担，建议按新的条件调整环保电价的补偿标准，明确市场化交易电量环保补贴的分担方式。

（六）加大政策支持力度，积极推广电能替代

电能具有清洁、安全、便捷等优势，实施电能替代对推动能源消费革命、促进能源清洁化发展具有重大意义。以电代煤、以电代油，提高电力在终端能源消费中的比重，对提高能源效率，减少环境污染是既经济又便捷的办法。

我国每年消耗煤炭约 40 亿吨，其中电力用煤约占总用煤量的 50%，发电燃煤污染物排放量得到有效管控。我国目前尚有 7 亿~8 亿吨散烧煤，能源利用效率低、污染严重，且属低矮源排放，对环境质量影响尤为严重。积极引导电能替代，促进电力企业增供扩销，有助于化解煤电产能过剩风险，改善环境质量。同时，通过加大电动汽车充换电基础设

施建设，加快发展电动汽车，可以实施交通领域以电代油。建议有关部门从推进电煤替代散烧煤、推动电动汽车产业快速发展、制定落实灵活电价政策等方面积极采取措施，引导促进电能替代。

课题组长　于崇德

主要成员　安洪光　潘荔　张琳　刘贵元　姜锐　叶春　刘伟涛　杨帆
　　　　　　栾加林　冀瑞杰　张天文　杜洋　周霞　王秀娜　李伟亮
　　　　　　喻刚

协作单位　国家电网有限公司　中国南方电网有限责任公司
　　　　　　中国华能集团有限公司　中国大唐集团有限公司
　　　　　　中国华电集团有限公司
　　　　　　中国国电集团有限公司（现为国家能源投资集团有限责任公司）
　　　　　　国家电力投资集团有限公司　中国神华集团有限责任公司

第五篇

新能源发展与消纳

新能源发电情况及发展建议❶

　　2015 年以来，随着新能源高速发展，弃风弃光现象越来越频发，新能源企业经营形势严峻，严重影响了新能源的可持续发展。为此，中电联组织开展了新能源发电情况及发展研究，客观反映了我国新能源发展现状，全面分析了新能源发展存在的问题，澄清了对新能源发展的一些模糊认识，提出了"坚持能源规划以电力为中心、完善新能源电价机制和市场机制、减少政策与监管交叉"等政策建议，被相关政府主管部门采纳，促进了我国新能源的可持续发展。

一、我国新能源发电现状

（一）新能源发电超速发展

　　截至 2016 年 6 月底，全国并网风电和太阳能发电装机容量分别达到 1.37 亿千瓦和 6304 万千瓦。新能源发电装机"十二五"年均增长 42%，占全国装机容量比重由 2010 年 3.1% 提高到 2015 年的 11.3%，其中，风电占比从 3.0% 提高到 8.6%，成为煤电、水电之后的第三大电源；太阳能发电从 0.3‰ 提高到 2.7%。"十二五"风电、太阳能发电装机均超额完成国家规划目标。

---

　　❶ 中电联 2016 年重大调研课题

　　从发电量看，2015 年新能源发电达到 2251 亿千瓦·时，占全国发电量比重由 2010 年 1.17% 提高到 2015 年的 3.9%。

　　从投资看，2015 年并网风电完成投资额 1200 亿元，并网太阳能发电完成投资额 219 亿元，分别占全部电源工程投资额比重的 30.49% 和 5.56%，分别比 2010 年提高了 4.35 和 4.58 个百分点（见图 1）。

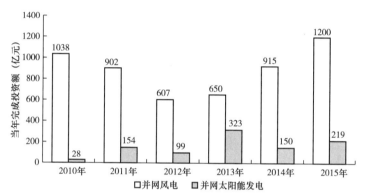

图 1　2010—2015 年我国新能源发电投资额情况

（数据来源：中电联）

　　从在建工程项目看，截至 2016 年 9 月底，全国风电在建工程 396 个项目，装机容量 2829.97 万千瓦，占在建装机容量的 11.5%；光伏发电在建工程 441 个项目，装机容量 1532.23 万千瓦，占在建装机容量的 6.2%。

　　从布局看，风电在 31 个省（区、市）、光伏电站在除重庆以外的 30 个省（区、市）均有分布。内蒙古、新疆、甘肃、河北 4 省（区、市）风电并网容量超过 1000 万千瓦，其中内蒙古并网容量 2425 万千瓦，居全国之首，"三北"地区并网风电占风电并网总容量的 76%；海上风电项目累计并网 75 万千瓦。光伏发电呈现东中西部共同发展格局。甘肃、新疆、青海等 3 省光伏发电装机超过 500 万千瓦；分布式光伏主要在东中部地区，浙江、江苏、广东累计并网容量居全国前三位。光伏电站资源丰富区并网容量 2656 万千瓦，占市场份额 65%。

（二）新能源发电规模居世界首位

我国新能源产业成为推动全球新能源增长的主引擎。2015 年度全球风电累计装机容量达到 4.33 亿千瓦（吊装容量），新增风电装机容量为 6346.7 万千瓦（吊装容量），我国累计风电装机占全球总量的 29%，新增装机容量占48.5%；太阳能光伏发电累计并网容量约占全球总量的 1/5，新增并网光伏发电容量约占 1/4。我国成为继续驱动全球新能源增长的最重要力量。

与世界先进技术水平的差距逐渐缩小。目前我国风电制造业研发设计和制造能力、产能和产量均跃居世界首位。截至 2015 年年底风电整机制造企业累计装机容量超过 1000 万千瓦的有 5 家，合计市场份额超过50%，且全部为内资企业。主流机型以单机容量 1.5 兆瓦和 2 兆瓦机组为主，约占总装机容量的 84%。机组可靠性持续提高，平均可利用率达到 97% 以上。我国光伏发电高效多晶硅电池平均转换效率、单晶硅电池平均转换效率以及薄膜发电技术均已达到国际领先水平，铜铟镓硒组件、砷化镓组件最高转化率皆创世界最高纪录。

（三）新能源发电成本得到有效控制

2015 年，风电工程平均造价每千瓦约为 7591 元，受风电工程选址、土地补偿和环保要求影响，与上年相比略有上升，上涨 1.57%；与 2010年相比上涨 1.21%。太阳能发电工程每千瓦造价在 7500 元到 11 000 元之间不等，平均造价为每千瓦 8466 元，与上年相比略有下降。

（四）法规政策标准不断完善

我国出台了一系列产业政策，鼓励扶持新能源产业发展。国家从价格、财政补贴、税收、项目管理和并网管理等多个层面提出了促进新能源发展的举措。政府和行业企业加强标准建设，制订了新能源项目开发、建设、接入系统、运行管理、并网检测等各个关键环节的管理和技术规范，有效解决了"十二五"初期风电因不具备低电压穿越能力导致的大规模脱网事故。

二、存在的主要问题

（一）弃风弃光问题突出

根据国家能源局发布的《2015 年度全国可再生能源电力发展影响监测评价报告》，2010 年开始出现弃风限电现象，2015 年全国弃风电量达到 339 亿千瓦·时，同比增加 213 亿千瓦·时。2016 年一季度，全国弃风情况愈发严峻，弃风电量达 192 亿千瓦·时，平均弃风率 26%，同比上升 7 个百分点，"三北"地区平均弃风率更是逼近 40%。弃风、弃光向常态化、恶性化发展，已严重制约了我国新能源产业的健康发展。

弃风弃光造成新能源发电利用小时数降低。风电、光伏发电利用小时在 2013 年达到"十二五"期间峰值，分别为 2025、1342 小时，但是 2015 年出现大幅下降，分别降到 1724、1225 小时。新疆、吉林、黑龙江、贵州、甘肃均不到 1600 小时，是弃风现象的重灾区。2010—2015 年风电、光伏发电利用小时情况见图 2。

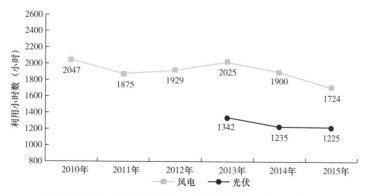

图2　2010—2015 年风电、光伏发电利用小时数情况

（数据来源：中电联）

(二) 厂网发展不协调

由于整体电力发展规划缺失,在新能源大力发展促进能源转型过程中,各种电源在电力系统中的作用定位不清。如,"三北"地区火电占比达到70%,而抽水蓄能、燃气等灵活调峰电源比重不足3%。"三北"火电机组中,供热机组占很大比重,其中吉林占比达到74%,每年冬季保供热和新能源消纳的矛盾非常突出。据统计,2015年67%的弃风发生在供暖期,低谷弃风电量又占总弃风的80%。部分地区近两年来自备电厂快速增加,在电力需求放缓的情况下,自备电厂发电量的增长导致公用电厂和新能源发电被迫进一步压出力,参与调峰。煤电的调峰作用明显加大,但大量新建大机组用于调峰既不合理也不经济,调峰效果相对较差;又如可再生能源发展规划目标多次调整,且在新能源发展上重规模、轻消纳,重电源建设,轻厂网协调。

电网项目核准滞后,跨省(区)输电通道不足。新能源富集地区不同程度都存在跨省跨区通道能力不足问题。由于电网项目核准滞后于新能源项目,现有输送新能源的通道能力占"三北"地区新能源装机比重只有15%左右。此外,目前以常规化石能源为基础的电力系统运行和管理体制与新能源的快速、大规模发展不协调。由于部分地区煤电、风电、光伏等多种电源共用现有的送出通道,各类电源品种相互竞争消纳空间,互相挤占输送通道现象日益突出。

(三) 补贴缺口大且拖欠严重

目前,我国可再生能源发电电价补贴完全来源于从销售电量中征收的可再生能源电价附加的收入,筹资途径单一且征收标准调整不及时。由于近年来可再生能源发展迅速,征收的可再生能源电价附加难以满足可再生能源补贴的需求。

从目前的实际情况看，销售电量、电价双双下行，新能源补贴资金缺口将随之增大。一方面列入补贴目录的项目补贴不能及时到位，如截至2016年6月底国电集团可再生能源电价补贴欠费总额达到68.11亿元。由于补贴未能及时到位，部分已投产运营的风光电项目需要通过外借短期贷款来维持企业正常运转，部分企业甚至出现现金流断裂的情况。另一方面是已投运项目不能及时列入补贴目录，2015年3月及以后投产的项目短期内仍无法结算电价补贴。随着可再生能源装机规模不断增加，旧的补贴没有到位，新的需求加速，导致补贴资金缺口不断扩大。

（四）法规政策不协调

我国《可再生能源法》自2006年1月起施行，2009年进行了修订。目前，随着新能源行业的迅速发展，该法在实施过程中暴露出了一些问题和不足。政府部门通过出台《可再生能源发电全额保障性收购管理办法》等落实法律要求，但地方政策与法律和中央政府要求不衔接，有法不依、执法不严情况严重，存在地方壁垒。有以下几种表现形式：一是新能源审批方式下放地方后，使得本应以项目可行性研究为基础的资源市场化配置，变为投资企业对开发指标的无序争抢。二是有的省份出台远低于《可再生能源发电全额保障性收购管理办法》规定的保障利用小时数的文件，有的省份以"达不到保障小时数，不允许参与市场交易"为由阻止新能源电量参与市场化交易。三是土地政策方面，对国家文件明确为林光互补的土地，地方政府没有制定配套政策，部分地方不执行国家关于实施农业光伏的政策，甚至更改土地性质以收取相关税费等现象。四是电价政策执行走样。部分地方政府借电改名义发展高耗能产业，以牺牲新能源产业前景为代价换取本地高耗能企业的复活，使直接交易变成降低高耗能企业成本的特殊政策；个别地方政府要求按照远低于火电脱硫标杆电价的水电平均电价结算新能源标杆电价部分，与《可再生能源法》《价格和费用分摊管理办法》等系列中央文件背道而驰。资源费、土地利用补偿费等不合理要求，增加了新能源开发企业负担，影响了新能源投资积极性。五是以"资源换产业"，强制采购本地风电设备等做法，无法实现优胜劣汰的良性竞争机制，为风电长远健康发展埋下隐患。

（五）核心技术仍有差距

新能源发电的基础理论、前沿技术、基础原材料的自主研发、关键零部件、系统集成的创新能力不足。缺少自主知识产权的风电机组设计工具软件系统，核心控制策略也未能完全掌握。基础原材料自主研发、关键零部件创新能力薄弱，制造过程中的智能化加工和质量控制技术相对落后。风电共性基础技术研发力量薄弱，资金投入有限，在资源特性、基础材料、关键工艺、核心部件、系统集成等领域纵深不足，共性基础技术成果社会转化无规划等问题突出，在基础理论、前沿技术、创新应用和人才培养方面缺乏公共服务平台支撑。电网接入和消纳可再生能源和分布式能源的技术有待提升。

三、认识与建议

（一）基本认识

一是新能源发展需渐进式积极有序发展。能源转型必须在能源安全约束下进行，转型是一个长期过程。新能源发电作为非化石能源的一部分，在近期只有积极、规范有序发展才能真正起到促进能源系统优化作用并为未来能源大规模转型奠定良好基础。

二是新能源发电依产业与低碳属性分类施策。新能源发电虽然将新兴产业属性和低碳商品能源属性集于一身，前者主要是为了支持技术创新、产业发展、推动企业"走出去"参与全球竞争和"一带一路"建设；后者是为了调整我国能源结构，兑现对国际社会低碳发展承诺，促进能源向低碳化转型。不论从理论分析还是从实践看，各种政策都有其特定的适用条件和目的。因此，政策不在于多，而在于精、准、实，要分类施策、有的放矢，达到目的与效果的统一。

三是发挥好政府和市场两方面作用。政府和市场作用协调主要体现在供应侧和消费侧两方面促进结构调整上。在供应侧，要积极推进清洁替代，统筹规划好化石能源的高效清洁利用和新能源项目择优开发，避免包括新能源发电的各种电源无序发展加重发电产能过剩局面。在需求侧，要积极推进电能替代，在经济、环保可承受的前提下，因地制宜，在部分经济发达地区率先试点，尽快出台促进电能消费的政策，在有利于优化能源结构条件下，按用电越多价格越便宜的思路调整阶梯电价政策，取消对非负面清单的高载能项目用电量限制，促进新能源发电存量部分加快消纳。

四是因地制宜分散开发和集中开发并举。我国已公布了新能源资源量权威数据，并成为新能源战略布局、政策制订的依据。当前存在大量弃风、弃光问题与没有把握好开发节奏和网源发展不协调有直接关系，不能全盘否定集中式开发优点。因此，必须坚定不移坚持太阳能和风能因地制宜分散式开发、就地消纳与在西部大规模集中式开发、远距离输送并举的方针。

五是以系统思维、电网安全思维为导向。解决新能源发展问题不能仅从新能源本身来解决，要以系统思维、电网安全思维为导向综合解决。系统思维就是将解决新能源问题方法放在经济系统优化和能源系统优化的框架内统筹思考，协调好短期和长期、中央和地方、新能源发电与其他能源发电、电源与电网之间的关系。电网安全思维就是要在新能源发展中，既要通过坚强智能电网建设和完善、支持、促进高碳能源向包括新能源发电在内的低碳能源转型，又要高度重视电网安全、维护电网安全，使二者协调共进。

（二）措施建议

一是坚持能源规划以电力为中心。坚持能源规划以电力为中心，以电源规划与电网规划协调为基础，优化能源系统。主要任务是加强两个替代（清洁替代和电能替代），强化电网建设，优化电源结构。在两个替代上，重点是加强电能替代，以快速解决雾霾影响问题和促进解决低碳发展问题。在强化电网建设上，关键是要积极推进特高压和智能电网建设，建设坚强的骨干网架，实现各级电网协调发展，逐步提高大比例、大范围消纳可再生能源的能力和适应电力转型的能力。在电源结构优化上，积极发展水电，加大外送消纳力度；大力有序发展新能源，坚持分布式与集中开发并举，重点解决消纳问题；安全发展核电，加快推进沿海核电建设；积极推进天然气调峰电站建设，提高分布式发电的综合效益；严控煤电建设，推进转型升级，科学清洁发展；六是加强调峰能力建设，提高系统灵活性。

二是完善新能源电价机制。建立新能源发展规划与电价补助资金政策联动机制，保障新能源电价附加资金收支平衡，加快解决电价附加补助资金历史欠账问题。改变目前分类标杆电价与当地燃煤标杆电价挂钩的政策，可参考德国经验，采取"上网电价＝市场电价＋固定补贴"的模式。同时，按照行业发展阶段区别对待，对于陆上风电及光伏发电，随着技术进步和成本不断降低，逐步降低补贴标准直至取消，防止开发过热过快；对于海上风电等处于起步阶段的项目，在早期应给予财政扶持，随着技术成熟和成本下降，逐步缩短补贴年限，降低补贴标准。简化可再生能源补贴申报、拨付流程，提高效率，保障补贴电价款的及时、足额发放。加快电价补贴项目申报与批复，将新能源电价补贴项目申报与批复制度化，固化电价补贴申报的条件与批复时间。加快电价补贴款结算，按月或至少按季结算电价补贴款，加快电费结算的频率，尽快将补贴款落实到位。

三是完善市场机制促新能源电量消纳。出台拓展新能源消纳空间的政策，鼓励电力用户错峰用电，提高低谷用电需求，推进以电代煤和以电代油，扩大新能源消纳市场。提高系统优化能力，促进跨省跨区消纳。出台峰谷电价、常规电源为新能源调峰的辅助服务补偿机制，采用火电灵活性改造等方式充分挖掘电力系统调峰、安全稳定运行以及接纳新能源并网等方面的能力，提高调峰积极性。重大机制出台要有法律依据，认真论证各种制度的重叠效应，并进行成本效益分析。对于理论基础、实施目标、管理对象具有共性和高度重合性的机制，如碳排放交易与绿证机制应当合并；对于理论基础不同的机制，如配额制和强制性标准，则应由企业自主选择，而不应当重复使用。如确需推进非水可再生配额制，建议将水电、生物质发电等其他类型可再生能源一并纳入配额制考核中的可再生能源发电计算电量，与考核基准线（如15%）相比不足部分，通过碳排放交易制度或绿证制度进行交易。对于新能源发电消纳，探索建立地方政府、电网、发电企业共同促进的机制，地方政府作为可再生能源电力配额消纳义务的行政责任主体。

四是坚持有法必依，加强顶层设计，减少政策和监管交叉。加快出台《能源法》、进一步修改完善《可再生能源法》，细化法律条文，提升法律的可操作性；协调生态、土地、水土保持、环保、林业、农业等与新能源发展相关法律制度。根据《行政许可法》要求，规范中央和地方政府资源配置方式，坚持"法无授权不可为"，杜绝不正当的行政干预，落实行政许可变更的财政补偿机制。规范监管方式，明确政府对企业的统一监管，减少并逐步杜绝政出多门。坚持"法定职责必须为"的原则，加大对现有政策执行力度的监督、问责，防止形成地方壁垒。法律制度修订跟上新能源的高速发展，完善定期追踪评估机制，提升法律对产业的监督指导能力，增强法律执行的针对性。

五是提高新能源技术创新水平。推动新能源补贴按需求重点向技术研发环节倾斜，加强产学研结合，支持关键共性技术研发，力争在新能源核心技术领域取得重大进展，提高我国新能源产业的核心竞争力；建立健全以企业为主导的新能源创新机制，在学习世界先进技术的同时，激发企业创新内生动力，培育一批具有国际竞争力的风电技术创新领军企业，推动企业成为新能源技术与产业紧密结合的重要创新平台；鼓励新能源制造商之间进行合作和技术整合，减少由于过度竞争导致的资源浪费，加快推进整机零配件通用化、国产化进程，降低研发和制造成本，提高运营效率。

课题组长　王志轩

主要成员　潘荔　张晶杰　杨帆

协作单位　国家电网有限公司　中国南方电网有限责任公司

　　　　　　国家电力投资集团有限公司　浙江省能源集团有限公司

　　　　　　中国长江三峡集团有限公司

　　　　　　中国长江三峡集团有限公司发展研究院

　　　　　　中国广核新能源控股有限公司

大规模新能源发电并网消纳❶

　　电力供需新常态下，"三北"等局部地区新能源消纳困难突出，严重影响到新能源发电各方的利益，制约了新能源发电的健康发展。为此，中电联组织开展了大规模新能源发电并网消纳研究。该研究在现状问题分析的基础上，提出了发挥电网综合协调关键作用，优化电网结构、提升系统能力，拓展用电市场、实施需求响应，完善可再生能源利用机制，加强创新体系建设等可再生能源整体消纳实施措施。2017 年 11 月，国家发展改革委、国家能源局印发了《解决弃水弃风弃光问题实施方案》，此后弃水弃风弃光问题逐步缓解。

　　经过"十二五"长足发展和"十三五"良好开局，我国风电、太阳能发电装机总量已连续位于世界第一，并实现了新能源消纳总量快速增长。2016 年，我国消纳风电 2410 亿千瓦·时，同比增长 29%；消纳太阳能发电 662 亿千瓦·时，同比增长 72%。与此同时，也出现电力供需新常态下各类电源利用空间受到挤压、新能源超常规发展后在资源丰富、装机量大和市场有限的"三北"等局部地区消纳困难等突出问题。2016 年，全国弃风率约 18%，弃光率约 11%。2017 年 1—4 月，在政

---

❶　中电联 2017 年重大调研课题

府、企业和社会共同努力下，通过综合施策，新能源消纳问题有所缓解，全国弃风率下降到16%，弃光率下降到9%，但问题还没有根本解决，随着新能源继续快速发展，今后的压力和挑战会越来越大，新能源消纳是一项长期性艰巨任务。

一、新能源消纳现状和特点

"十二五"以来，我国新能源快速发展，总体呈现五个特点：

第一，我国新能源消纳总量实现快速增长，新能源利用的成绩是首位的。

第二，电力供需新常态下煤电、水电、核电等各类电源利用空间受到挤压。

第三，新能源超常规发展后消纳问题突出，2016年全国弃风电量497亿千瓦·时，弃风率18%；弃光电量70.4亿千瓦·时，弃光率约11%。

第四，新能源消纳问题的区域性、季节性和时段性特征明显。

第五，2017年新能源消纳问题虽有所缓解，但长期压力越来越大。

二、新能源消纳问题主要影响因素

（一）新能源发展综合协调性不够

第一，新能源开发速度、布局与市场容量不匹配。我国新能源装机主要集中在"三北"地区，而用电负荷集中在东中部地区。受经济发展水平影响，"三北"地区负荷需求小，增长乏力，新能源消纳的市场容量有限。在电力需求增长较快时期，新能源与常规能源都可以得到有效利用，近年来用电需求增长趋缓，但新能源装机速度仍快速上升，超出新的用电市场增长，也超出了系统现有调峰辅助服务能力，加剧供需矛盾并造成消纳困难。同时，为了赶上政府补贴政策出现了大量的突击抢装，造成后续"窝电"现象的直接上升。

第二，新能源规划建设周期与电网不同步。规划方面，新能源布局规划调整频繁，与电网规划难以有效衔接，部分地区新能源上马速度过快，未能充分考虑既有电网的消纳能力，给电网企业带来了很大困难。建设方面，风电和光伏本体工程建设周期约半年，并网线路工程核准和建设周期长，线路建设期也跟不上，进一步加大了并网工程与电源本体工程同步投运的难度。

第三，利益机制不协调，在新能源项目建设和运行过程中，交织着新能源与传统能源、新能源产业与投资方、行政计划体制与市场机制、跨省跨区中地方利益以及中央和地方关系等复杂因素，这些问题在需求持续高增长时不明显，在需求趋缓或低迷时就显得突出。

（二）系统灵活性不够，传统调峰能力应对困难

具体表现包括：燃煤火电调峰能力普遍不足、"三北"地区供热机组比重高、东北和西北地区抽水蓄能机组比例低、部分地区自备电厂快速增长增加调峰压力等。

（三）输电通道建设不匹配，大范围消纳受到制约

第一，新能源集中地区送出通道规划建设滞后。2016年，"三北"地区新能源装机合计1.63亿千瓦，但电力外送能力只有3400万千瓦，占新能源装机的21%，而且还要承担煤电基地外送任务，外送能力不足。

第二，受网架和新能源机组安全性能限制，现有外送通道能力不能充分发挥。

（四）新能源自身存在技术约束

一是新能源出力的随机波动性造成系统调节困难。二是新能源设备可靠性存在问题，一定程度上制约了产能利用。

（五）需求侧潜力发挥不够

促进需求侧响应的价格机制不完善，可中断电价、峰谷分时电价等需求侧响应机制仅在部分省份试行，且用户准入门槛高，参与的用户较少。中断负荷补偿、峰谷价差水平不够高，对用户激励不足，导致需求侧资源主动参与系统调节的意愿不高，对新能源消纳贡献有限。

（六）市场机制不完善

第一，调峰辅助服务专项改革刚开始试点，起到了积极的推动作用，但还未建立起真正的市场机制，相关改造的可持续性不够。

第二，新能源跨省跨区交易刚起步，需要进一步明确政策和电价机制，化解省间壁垒。

第三，上网侧和需求侧分时价格响应机制尚未建立，现货市场尚未建立，新能源边际成本低的优势难以体现。

（七）政策措施有局限

第一，规划协调不够。国家和地方新能源发展规划与电力发展规划、电网建设规划衔接不够，新能源发展快、新政多，在目标调整和执行过程中有一定困难。

第二，扶持政策失衡。能源转型、新能源发展和消纳涉及电源、电网和负荷三个方面，是一项系统性任务工程，目前的扶持政策偏重于新能源电源建设一端，责任义务归于常规电源和电网，而且未予支持，没有一个统一的主体，加之新能源门槛低，在部分地区过度投资、片面发展，造成先发展后治理的结果。其中，为应对国际金融危机带来的中国经济快速下滑，上一轮国内产业扶持政策推动大规模的风电基地建设，带来了现在局部地区新能源过剩的结果。

第三，政策协调不够。在电力需求放缓的形势下，电力产能在局部出现过剩态势，各类能源都存在产能利用和消纳问题，都有充分的理由需要保障，在统一的电力系统内，各项消纳政策需要进一步协调。

第四，政策需要放开。在弃电已经形成态势的地区和时段，"弃电"已经不是普通电量概念，应当出台支持综合利用政策，促进新能源消纳。

三、分析和认识

第一，高比例新能源接入电力系统是国际能源转型过程中的突出挑战，不仅与新能源发展自身有关，更与传统能源系统的整体调整（革命）有关，而且直接受到经济转型的影响，要认识到解决问题的系统性、复杂性和长期性。

第二，新能源发展是源网荷协调的系统工程，是电源、电网和用户的共同责任，三者需要协调发展。

第三，应当从整体上而不是从局部上认识新能源消纳问题，按照新能源特性实现合理经济消纳，提高整个系统的利用率。

第四，着眼于世界能源发展和我国能源战略，新能源将从替代能源逐步转变为主导能源，新能源消纳工作的力度需要不断加大。

四、政策技术建议

当前我国大规模新能源利用以集中式开发为主，调峰、外送和市场是三个主要问题，需要政府、电源电网企业和用户共同努力。

近期：2020 年前，加强电网统一调度，充分挖掘系统潜力，优先解决存量、严格控制增量，开展发电权交易、省间交易、灵活调整交易和增量现货交易，有效缓解弃风弃光。

中期：到 2030 年，完善市场机制，提高系统平衡能力，从根本上解决新能源消纳问题。

远期：2030 年后，突破瓶颈性技术，适应高比例大规模新能源并网发展需要，以直接交易为主。

（一）做好顶层设计，优化结构协调发展

第一，优化电源结构，合理布局新能源，提高发展增量门槛。综合各地资源条件、电网条件、负荷水平等因素优化新能源项目的开发布局和开发时序，以需求为导向，加强新能源、常规电源、电网三者之间规划及运行的协调性，以及送受端和区域间的协调，实现系统常规电源与新能源的合理配比和协调运行。

第二，加快送出通道建设和管理，强调能源系统大范围消纳配置与就地消纳两条腿走路方针，统筹发挥大电网配置及平衡能力，构建全国电网互联平台实现跨区域多能互补，优化跨区通道的运行方式，制定有利于新能源消纳的跨省跨区联络线管理办法。

第三，建立"政策、电网、电源、用户"联动机制。一是做好新能源规划和电网规划的有效衔接，科学制定新能源布局规划和建设计划，保障电网同步消纳能力。二是在电源本体可研阶段同步开展接入系统设计和并网工程可研，做到电源本体和并网工程同步设计、同步核准、同步建设和同步投产，实现电网和新能源的协调发展。

（二）加强源网荷系统性消纳能力建设

第一，加强系统调峰能力建设。加快火电灵活性改造，依据电厂所处地区电力、热力、社会、环境等因素不同而采取不同的改造方案，在政策、市场层面综合考虑，形成鼓励和补偿机制支持，并且政策保持必要的延续性。加快抽水蓄能和燃气等调峰电源建设，抽水蓄能电站投资布局向非化石能源消纳困难的"三北"地区倾斜，出台抽水蓄能电价疏导机制，保证投资者合理回报；合理补助燃机启停带来的风险和经济影响，提高燃机电厂的启停顶峰积极性。

第二，电力调度和新能源生产精细化运行，在满足系统安全运行、电网可靠供电、水库供水、火电供热需要的前提下，优化常规机组开机方式，保证新能源发电出力。开展跨区、跨流域的风光水火联合运行，大幅提高新能源发电的稳定性，实现多种能源发电以及新能源出力与用户响应的联合平衡。提高功率预测精度与分辨率，提供多时间尺度的预测产品。适应电力市场化改革的新要求，推动市场信息公开透明。适应电力市场化改革的新要求，推动市场信息公开透明。

第三，通过实施需求侧响应和电能替代，增加新能源消纳空间。一方面通过挖掘需方响应潜力，减少负荷峰谷差，引导负荷跟随风电、太阳能发电的出力调整，有效减少弃电率；另一方面，通过加快实施电能替代，积极拓展本地消纳市场。出台促进可中断负荷、电供热发展的配套激励政策，制定合理电价机制，引导用户参与需求侧响应，减少负荷峰谷差，适应消纳新能源并网高频、短时切负荷需求。健全用户侧峰谷电价政策，扩大峰谷电价执行范围、适当拉大峰谷价差，改善负荷特性，提高用户消纳新能源的积极性。

第四，加强技术创新。突破并网控制技术、多能互补技术、精准负荷控制技术、分布式与微网等电网核心技术，提升大电网平衡能力。推广大规模源网荷友好互动系统应用，加快虚拟同步发电机、微电网储能、"互联网＋"智慧能源等关键技术攻关，利用云计算、大数据、物联网等现代信息技术，提高各级电网智能化水平，智能判断新能源运行工况并实时调节，增强电网对新能源大规模接入的适应能力。

（三）完善市场机制，实现低成本消纳

第一，制定各类能源参与调峰、调频、备用等辅助服务长效机制，激发常规电源参与调峰的积极性，并在辅助服务受益方面利益共享。

第二，加强全国统一电力市场建设，建立新能源接受省与输出省利益补偿机制。参照银东直流模式有序放开跨区输电通道送受电计划，鼓励在更大范围内实现市场化竞争，进而建立跨区域可再生能源增量现货交易机制。

第三，有序放开省内发用电计划及用户和售电企业的省外购电权。除国家指令性计划和政府间框架协议电量，将优先发电安排以外的输电通道容量面向市场主体全部放开，组织新能源与电力用户、售电企业开展直接交易。同时，建立外送电力备用预招标机制，通过预招标方式确定备用火电排序，如果新能源波动时按照预招标结果依次调用备用火电，维持送电稳定。

第四，逐步开展现货市场交易。通过现货市场，发挥大规模新能源发电边际成本低的优势。在现货市场的作用下，新能源发电通过低边际成本自动实现优先调度，并且中长期交易通过现货市场交割，同时通过现货市场的价格信号引导发电企业主动调峰，优化统筹全网调节资源，有效促进新能源电力消纳。

（四）积极推进全球能源互联网建设

第一，积极推进建设覆盖全球各清洁能源基地和负荷中心的电力网

络，形成全球开发、配置、利用清洁能源的能源发展新格局。

第二，构建全国电网互联平台，实现跨区域跨流域多能互补，满足新能源大规模开发利用。最终形成结构合理、网架坚强、广泛互联的能源资源优化配置平台，电网综合平衡能力大幅提升，满足新能源更大规模开发和消纳需要。

（五）完善政策标准

完善法律体系。《可再生能源法》制定时的环境在当前已经发生很大变化，我国经济、能源和电力发展已经进入新阶段，各地区电源、电网结构和资源配置能力不断升级，新能源发电的规模、技术水平和面临的市场也有很大变化，发展新能源的全社会责任进一步提高。在新能源快速发展形势下，各类新的矛盾不断显现，当前更多针对突出问题通过行政手段单一性出台政策，长期健康发展需要不断及时完善法律体系，依法推进。

根据新能源不同发展时期制定相应价格政策。初期按照固定电价给予补贴，确保可再生能源市场竞争力，优先上网消纳并保障合理的收益水平。中期将新能源上网电价与政府补贴分离，上网电价部分通过市场方式定价，补贴部分通过政府定价。后期逐步降低补贴，引导新能源企业提高技术和管理水平，降本增效，逐步实现可再生能源全电量无补贴参与电力市场竞争，实现平价上网。在没有实现市场定价前，建立上网分时电价和用户分时电价，鼓励新能源消纳。

加强消纳政策协调。在电力需求放缓的形势下，对新能源、水电、核电消纳和其他电源的运行出台统一的行业指导意见或产业政策，根据存量情况和发展规划，细分区域和时间边界条件，提出适宜的目标和比例，着重系统整体效益，综合协调各类能源的消纳政策。当前，绿证、配额制、碳交易需要协调策划和实施。

规范弃电损失统计方法。建立行业规范，明确风、光、水、核各类能源弃电损失计算方法，特别是统一光伏发电项目弃光率统计方法，及时统计和发布光伏发电弃光情况。

规范自备电厂管理。燃煤自备电厂要服从电力调度，积极参与电网调峰等辅助服务，承担应有的社会责任，自发自用电量应缴纳可再生能源发展基金等政府性基金和政策性交叉补贴，限制公用电厂转自备电厂。

制定"弃电"综合利用政策。在弃电已经形成态势的地区和时段，出台价格政策使"弃电"实现多种转化综合利用，鼓励供暖、制氢、海水淡化等转化利用。

加强行业自律和行业管理。一是要深入研究重大理论和政策，持续开展调查研究，反映行业企业诉求。二是要开展好统计分析、信息交流及发展规划研究，为企业做好咨询服务。三是发挥行业协会的协调作用，促进新能源企业间加强沟通交流，建立和完善新能源诚信体建设，防止恶性竞争。四是加强新能源人才培训，提高新能源建设和管理水平。五是加强新能源技术标准建设，针对新能源大规模发展出现的新问题、新需求在制定行业标准、国家标准等的同时，尽快将符合条件的低层级标准上升到高层级标准。六是加强国际交流合作，借鉴国际高比例新能源接入电力系统的成功经验和实践做法，在技术体系和运行机制方面不断完善。

课题组长 王志轩

主要成员 米建华 张琳 刘贵元 韩雪 杨帆 陈旦

协作单位 国家电网有限公司 中国南方电网有限责任公司
中国华能集团有限公司 中国大唐集团有限公司
中国华电集团有限公司

中国国电集团有限公司（现为国家能源投资集团有限责任公司）

国家电力投资集团有限公司　中国长江三峡集团有限公司

中国广核集团有限公司　中国电力建设集团有限公司

中国能源建设集团有限公司

粤电集团有限公司（现为广东省能源集团有限公司）

新能源发展趋势[1]

> 以新能源和可再生能源为主体的清洁低碳能源供应体系已成为世界能源发展大势，但仍存在较多问题。为此，中电联组织开展了新能源发展趋势专题调研，客观反映当前新能源技术发展情况与成本变化，深入分析新能源在电力系统中的影响，归纳总结存在的问题及制约因素，展望发展趋势，提出统筹源网荷协调发展、健全市场机制、以电力为中心推进能源转型发展、加强行业自律等政策建议，为政府有关部门制定新能源发展政策提供决策参考。

一、新能源发展现状

新能源发电装机容量与发电量持续增加。截至 2018 年三季度底，全国累计风电、光伏、生物质发电装机容量已分别达 1.76 亿千瓦、1.65 亿千瓦、1691 万千瓦，新能源总装机容量已超过水电。2018 年前三季度，全国风电、太阳能、生物质发电量分别为 2676 亿、1323 亿、661 亿千瓦·时，占全国比重分别达 5.3%、2.6%、1.3%，新能源发电量占比已接近 10%。

风电、光伏发电消纳形势继续好转，弃限电问题得到有效缓解。

---

[1] 中电联 2018 年重大调研课题

2018 年前三季度，弃电量和弃电率"双降"，全国弃风电量 222 亿千瓦·时，同比减少 74 亿千瓦·时，弃风率 7.7%，同比下降 4.7 个百分点；弃光电量 40 亿千瓦·时，同比减少 11.3 亿千瓦·时，弃光率 2.9%，同比下降 2.7 个百分点（见表 1）。

表 1　2016 年—2018 年上半年弃风弃光情况

年份	风电		光伏	
	弃风电量 （亿千瓦·时）	弃风率 （%）	弃光电量 （亿千瓦·时）	弃光率 （%）
2016	497	17.2	70.4	10.3
2017	419	12	73	6
2017 年前三季度	296	12.4	51.3	5.6
2018 年前三季度	222	7.7	40	2.9

（数据来源：国家能源局）

新能源科技创新能力和技术装备自主化水平显著提升，度电成本不断下降。2017 年，风电机组累计装机平均功率同比增长 2.6%；风轮平均直径增至 110 米以上；新增风电机组平均轮毂高度同比增长 3.7%；陆上风电平均度电成本比 2016 年下降 4%。截至 2018 年上半年，单晶光伏电池几乎全部采用钝化发射极背面电池技术（PERC）工艺、平均效率大于 21.8%，多晶 PERC 进入产业化阶段、平均效率超过 20.6%；个别光伏发电应用领跑基地竞争优选结果最低申报电价已低于当地燃煤机组标杆上网电价。太阳能热发电首个大型商业化槽式光热电站于 2018 年 10 月正式投运；生物质发电效率提升至 33% 以上。

二、对电力行业的影响

新能源发展加速能源消费结构优化，行业碳排放强度持续下降，碳排放量增长有效减缓，对碳减排的贡献巨大。以 2005 年为基准年，

2006—2017 年，通过发展非化石能源、降低供电煤耗和线损率等措施，电力行业累计减少二氧化碳排放约 113 亿吨，有效减缓了电力二氧化碳排放总量的增长；其中，非化石能源发展贡献率为 53%。

新能源将逐步取代煤电的主体地位，煤电将转变为提供可靠容量与电量的灵活性调节型电源，对煤电经济性产生影响。截至 2017 年年底，全国已完成灵活性改造机组规模约 1000 万千瓦（部分为国家能源局试点项目范围外机组），正在前期准备或实施的灵活性改造规模超过 6000 万千瓦，个别改造项目最小技术出力降至 20%，有力增加了调节能力。然而煤电灵活性改造使系统能耗明显提升，影响煤电经济性。

新能源的快速发展对特高压建设、电网智能化水平提出了更高的要求。新能源资源与消费分布不均衡，分布式新能源占比的快速提高对特高压远距离输送、电网的结构与运行方式、调度和控制的智能化水平等均提出了更高要求。以国家电网有限公司为例，2017 年集中投产了榆横—潍坊、酒泉—湖南等一批特高压交、直流输电工程，建成"两交五直"特高压跨区输电工程，国家大气污染防治行动计划特高压交直流工程全面竣工，进一步提升新能源大范围优化配置能力。在智能电网相关技术领域也已开展了大量的研究与实践。

新能源发电量比重的提升加大了全社会用电成本，可再生能源电价附加快速上升。随着新能源的迅速发展，补贴缺口日益增大，可再生能源电价附加逐年快速提高，分别于 2008 年、2009 年、2012 年、2013 年、2016 年进行了相应调整，目前执行的可再生能源电价附加达到 1.9 分/（千瓦·时），是 2006 年的 19 倍（见图 1）。

新能源发展加速了储能装机的提高。截至 2017 年年底，全国投运储能项目累计装机规模超过 2900 万千瓦，其中抽水蓄能装机容量达到 2869 万千瓦，占全国储能装机容量比重约 99%；其余为电化学储能，累

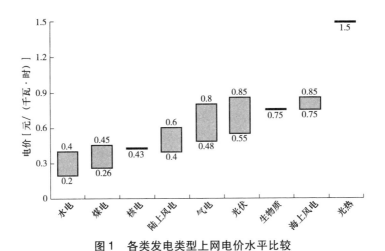

图 1　各类发电类型上网电价水平比较

（数据来源：国家发展改革委及部分省市发电价格主管部门）

计装机规模约 39 万千瓦，仅 2 年时间就增长了 2.6 倍（2015 年约 11 万千瓦）。

三、存在的主要问题

（一）新能源发展统筹协调不够

一是各类电源之间的协调配套问题。在总体需求受限，部分区域电力产能出现过剩的态势下，各类能源发电都存在消纳问题。二是电源与配套电网项目的协调问题。一方面，我国对电源项目和配套电网送出工程分开核准，出现电源项目已进入核准环节，而送出工程尚未取得批复的情况或者相反的情况。另一方面，我国目前停建、缓建一批煤电项目，影响了新能源送出线路所需的配套电源支撑。三是新能源大规模发展与补贴的协调问题。截至 2017 年年底，全国累计可再生能源发电补贴缺口总计达到 1127 亿元。四是新能源发展和产业发展的协调问题。"531 新政"后，光伏发电规模受限，相关产业公司的产能利用率下降，部分制造企业面临停破产窘境。五是新能源发展的技术成本和非技术性成本的协调问题。土地成本、财务成本、税收成本等非技术性成本在新能源发电总成本中仍占有相当比例。据统计，光伏电站建设的非技术性成本已占总投资成本的20%以上。国家相关降低新能源非技术成本的支持政策在执行过程中存在部分地区落实不到位的情况。六是不同省份间新能源发展的协调问题。"省间壁垒"在部分省市、部分时段，尤其是在供大于求等利益冲突的情形下依然存在。

（二）新能源市场与价格机制不健全

一是新能源发电补贴退坡机制有待完善，机制尚未成熟，稳定性和规律性不强，对新能源项目的投资预期和收益测算影响较大，不利于新能源良性发展。二是电力市场化交易机制需进一步规范，上网侧和需求侧分时价格机制、电力市场短期灵活交易机制需完善，辅助服务市场需进一步深化。售电侧有效竞争机制尚未成型，市场配置资源的决定性作用难以有效发挥，新能源边际成本低的优势难以体现。

（三）新能源发展给电网运行带来挑战

随着高比例新能源，尤其是分布式的大规模接入，系统惯性降低、频率调节能力下降，加剧了系统调节的负担，给电网形态和功能、系统调频调压、电网调度运行管理、电能质量控制等提出更多挑战和要求。电网资源配置能力有待进一步提高以适应高比例新能源的发展速度、保障电网安全稳定运行。

（四）新能源技术仍有待进步

新能源技术的自主创新、技术降本能力仍需进一步挖潜，新能源标准体系有待继续完善。

四、发展趋势分析

（一）绿色低碳是能源发展大趋势

《能源生产和消费革命战略（2016—2030）》要求，到2020年，清洁能源成为能源增量主体，非化石能源占比15%，单位国内生产总值二氧化碳排放比2015年下降18%；到2030年，非化石能源占能源消费总量比重达到20%左右（见图2），新增能源需求主要依靠清洁能源满足。实现新能源的快速发展是全球生态保护的必然选择，是解决全球应对气候变化危险的核心手段。

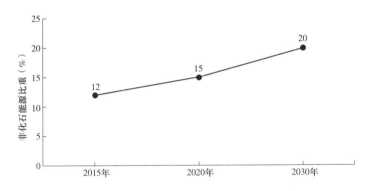

图2　中国非化石能源占能源消费比重变化趋势

（数据来源：国家发展改革委、国家能源局）

（二）新能源发电规模继续扩大

初步预测，到2020年，风电装机规模将超过2亿千瓦，太阳能发电装机约2亿千瓦左右，生物质发电装机超过2000万千瓦，占全国总装机容量的比重将分别超过11%、10%、1.1%。到2030年，风电装机规模将达到5亿千瓦左右，太阳能发电装机超过4亿千瓦，生物质发电装机超过4500万千瓦，占比将分别超过16%、14%、1.4%。预计2020年、

2030 年，全社会用电量分别在 8 亿、10 亿千瓦·时左右，其中新能源发电量所占比重分别接近 11% 、18% 左右。

（三）新能源消纳将逐步解决

预计随着特高压输电工程的陆续投产，尤其是配额制实施以后，跨区电力输送将成为消纳三北地区新能源的主要方式，弃风弃光也将逐步解决。此外，电能替代将深度实施，电气化水平将逐步升高，为解决新能源消纳问题提供空间。

（四）新能源将按照集中式与分布式并举、统筹规划、协调发展、消纳优先的原则持续发展

集中式新能源电源基地是西北部地区在保障消纳的前提下的最优选择；海上风电、分布式光伏成为东中南部地区清洁能源增量供应的重要电源，就近接入省内输电网和中低压配电网进行消纳。随着分布式发电商业模式的不断成熟、农村扶贫政策的继续推广，结合农业、林业、渔业综合利用等建设的分布式光伏项目将成为市场重要增长点。此外，在部分地区，因地制宜地推进开发中小型分散式风电场也是新能源的有效补充。

（五）新能源发电成本将加速平价化

随着风电竞价上网、光伏发电平价上网的逐步实施，预计在 2020 年前后，太阳能光伏发电将率先进入平价时代；陆上风电将在"十四五"期间进入平价时代；海上风电开发成本下降速度相对缓慢。

五、政策建议

（一）做好顶层设计、统筹源网荷协调发展

优化电源结构，合理布局新能源；在电源侧，加强部分区域系统调

峰能力建设；在电网侧，加强送出通道建设，加强电力调度和新能源生产精细化运行；在负荷侧，通过开展需求侧响应，引导负荷主动参与电网削峰填谷和平衡电力。

（二）完善政策法规体系、健全市场机制

尽快出台可再生能源电力配额及考核办法，兼顾与碳排放权配额制度的协调关系。抓紧完善补贴退坡机制建设，考虑技术进展、机组规模、所在不同资源区等因素；加强电力市场顶层设计，完善现货市场，大规模发挥新能源发电边际成本低的优势；通过市场化手段，完善调峰调频辅助服务机制，充分调动发电企业、用户等各方参与提供辅助服务的积极性。落实各项新能源非技术成本的减免，包括土地、税收优惠、融资等方面支持政策的落地，有效降低企业成本。

（三）以电力为中心推进能源转型发展

在电源侧，在发展新能源的同时应推进多能互补与灵活发电技术、电网友好型发电技术的配套发展。在电网侧，推进新型电网结构与特高压输电方式、电网智能调度的配套发展。在负荷侧，推进可平移负荷资源利用与储能、新型用电方式与供需协同发展。

（四）加速技术创新与产业升级

重点突破一批电网、装备和零部件核心技术攻关与国产化进程。推广大规模源—网—荷友好互动系统应用，加快虚拟同步发电机、微电网、"互联网＋"智慧能源等关键技术攻关。重视储能技术、地热能技术及其与热泵的综合高效利用，加速生物质能应用技术破题。利用云计算、大数据、物联网、人工智能等现代信息新技术提高智能配电网等各级电网的智能化水平与技术支撑。推动先进产品规模化、产业化快速应

用，降低建设成本。

（五）加强行业自律

充分发挥行业协会的平台与桥梁作用，深入研究新能源发展行业共性问题，持续开展调查研究，反映行业企业诉求；加强新能源技术标准建设。

课题组长　王志轩
主要成员　潘荔　刘志强　李云凝

新能源及储能发展❶

> 当前，新能源消纳问题不容忽视，如新能源补贴缺口不断增大，储能应用市场模式持续性不足等。针对上述问题，中电联组织开展了新能源及储能发展调研，在跟踪新能源和储能技术进展的基础上，归纳总结新能源和储能在发展中存在的关键问题，展望新能源和储能发展趋势，提出稳步推进现货市场、辅助服务市场等市场化机制建设、完善储能技术标准体系等政策建议，为国家有关部门制定新能源和储能发展相关政策提供决策参考。

一、新能源发展情况

新能源装机规模持续扩大，产业布局不断优化。截至 2018 年年底，全国风电、太阳能发电装机容量分别达到 1.84 亿、1.74 亿千瓦，占全国总发电装机容量的 9.7%、9.2%，比上年分别提高 0.5、1.9 个百分点。全国海上风电累计装机容量 444.5 万千瓦，占风电总装机容量的比重为 2.4%，比上年提高了 0.7 个百分点；分布式光伏发电项目累计装机容量 5061 万千瓦，同比增长 70.7%。

新能源发电量稳步增长，利用水平连续提高。2018 年，全国风电、太阳能发电量分别为 3658 亿、1769 亿千瓦·时，比 2017 年分别增加

---

❶ 中电联 2019 年重大调研课题

20.1%、50.2%；占全国总发量的 5.2%、2.5%，比上年分别提高 0.5、
0.7 个百分点。全国平均弃风、弃光率分别降至 7%、5%，比 2017 年降
低了 5.3、2.8 个百分点（见图 1）。

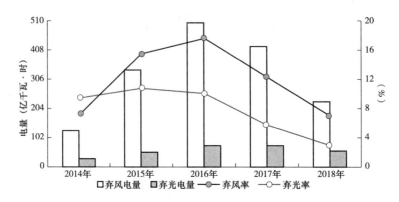

图 1　2014—2018 年风电、光伏发电弃电量及弃电率
（数据来源：国家能源局）

2019 年以来，随着《关于积极推进风电、光伏发电无补贴平价上网
有关工作的通知》《关于完善光伏发电上网电价机制有关问题的通知》
《关于建立健全可再生能源电力消纳保障机制的通知》《关于完善风电上
网电价政策的通知》《关于 2019 年风电、光伏发电项目建设有关事项的
通知》等文件的相继出台，新能源高质量发展的目标引导、消纳保障、
建设管理和上网电价等方面的机制日趋完善，风电和光伏发电开始从标
杆电价阶段过渡到平价和竞价阶段，市场在资源配置中也开始发挥越来
越重要的作用。目前，我国已逐步形成包括发展规划、市场监管、产业
激励、技术规范、并网消纳、电价与补贴、税收减免、金融服务及其他
辅助支持政策等在内的较完整的新能源政策法规体系。

二、储能发展情况

截至 2018 年年底，全国已投运储能项目累计装机规模 3130 万千瓦

左右（居全球首位），同比增长 8.2%。其中，电化学储能累计装机规模
107.3 万千瓦，同比增长近 2 倍，三年平均年增速达到 94.7%；其占全
国已投运储能项目累计装机规模的比重为 2.4%，较 2017 年上升了 1.1
个百分点。在各类电化学储能技术中，锂离子电池的累计装机规模最
大，为 75.9 万千瓦，占全国电化学储能累计装机规模的 70.7%。2018
年，全国新增投运储能项目的装机规模为 240 万千瓦，其中电化学储能
占比近三分之一，约为 28.5%（见图 2）。

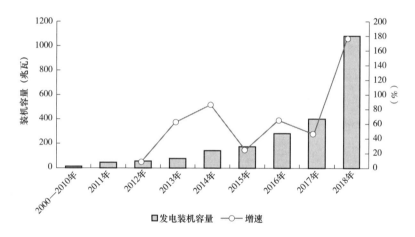

图2　2000—2018 年中国电化学储能装机规模及增速
（数据来源：中关村储能产业技术联盟）

　　储能政策可分为直接类与间接类。直接类政策主要有国家发展改革
委、国家能源局等五部门联合印发的《关于促进储能技术与产业发展的
指导意见》（以下简称《指导意见》）、国家发展改革委、国家能源局等
四部门联合印发的《贯彻落实〈关于促进储能技术与产业发展的指导意
见〉2019—2020 年行动计划》（以下简称《行动计划》）等。其中，《指
导意见》是中国储能产业的第一个指导性政策，针对储能技术与产业发
展过程中存在的政策支持不足、研发示范不足、技术标准不足、统筹规
划不足等问题，提出了未来 10 年中国储能技术和产业的发展目标和重点
任务，要求分两个阶段推进相关工作，第一阶段实现储能由研发示范向

商业化初期过渡，第二阶段实现商业化初期向规模化发展转变。《行动计划》则是对《指导意见》的进一步落实，给出了储能技术研发、政策落实、示范应用以及标准化等方面的工作措施，是实现储能第一阶段的具体安排，为下一阶段指明了方向。

储能间接支持类政策主要包括能源发展规划类政策（从技术研发创新和技术推广应用两方面对储能发展提出要求，如"十三五"规划等相关文件），电价类政策，新能源发展类政策，新能源汽车类政策等。其中，新能源发展类政策通过鼓励配套建设储能装置在一定程度上推动了储能的发展。电价类政策是直接与储能盈利模式相关联的政策，主要有辅助服务补偿（市场）机制、峰谷分时电价政策、两部制电价、需求响应补贴激励等，如各区域"两个细则"、地方电力辅助服务市场交易规则等，明确了储能参与市场的主体身份以及补偿方式；又如新修订的《输配电定价成本监审办法》明确了电储能设施费用不得计入输配电定价成本。

在当前的政策环境下，我国储能的商业运营模式主要可归为三类：基于电力辅助服务市场的商业模式，基于峰谷电价差套利的商业模式和间接盈利的商业模式。此外，通过创新模式和理念，个别省份探索性试点开展基于区块链的"共享储能"商业运营与交易模式。

"共享储能"商业模式，是以电网为纽带，将独立分散的电网侧、电源侧、用户侧储能电站资源进行整合，由电网来进行统一协调，推动源网荷各端储能能力全面释放，可以有效缓解清洁能源高峰时段电力电量消纳困难，实现了在服务模式和技术应用上的创新。

三、主要问题

（一）新能源

一是"双弃"压力仍在，新能源消纳问题依然不容忽视。部分地区仍存在较突出的新能源消纳困难，2018 年，弃风主要集中在新疆、甘肃、内蒙古，弃风率分别为 23%、19%、10%；2019 年上半年，新疆、甘肃、内蒙古的弃风现象仍较为严重，弃风率分别为 17.0%、10.1%、8.2%。弃光主要集中在新疆和甘肃，2018 年新疆、甘肃弃光率分别为 16%、10%；2019 年仍远高于全国平均值，分别为 11%、7%。

二是灵活性资源不足，电力系统灵活调节能力有限。截至 2018 年年底，我国发电装机容量达到 19 亿千瓦，其中风电、光伏发电等新能源装机占比达到 19%，但抽水蓄能、燃气发电等灵活调节电源装机占比仅不到 6%，远低于美国（49%）、西班牙（34%）、德国（18%）等发达国家。

三是补贴缺口不断增大，部分新能源企业资金链断裂。根据财政部《2019 年中央财政预算》，2019 年可再生能源电价附加支出预算为 866.1 亿元，而目前国内新能源补贴缺口已达 2000 亿元左右；龙源电力、华能新能源、大唐新能源等公司的新能源补贴欠款均在 100 亿元以上，但今年出台的新政策主要解决的是新增新能源项目的补贴问题，未考虑存量新能源项目的补贴问题，补贴需求仍将继续增长。

（二）储能

一是市场模式可持续性不足，投资风险增加。发电侧储能的火储联合调频应用模式方面，参与调频的主体仍是火电机组，且投资回收具有不确定性。电网侧储能项目大都由电网系统内企业作为项目投资方，负责项目整体建设和运营，但由于目前电储能设施的费用不得计入输配电定价成本，储能项目投资费用无法得到疏导。用户侧储能收益方式尚难以摆脱峰谷价差依赖，由于储能设备前期投入较大、收益来源单一，成本回收周期较长，尤其是近两年的降电价措施进一步延长了投资回报周期（见图 3）。

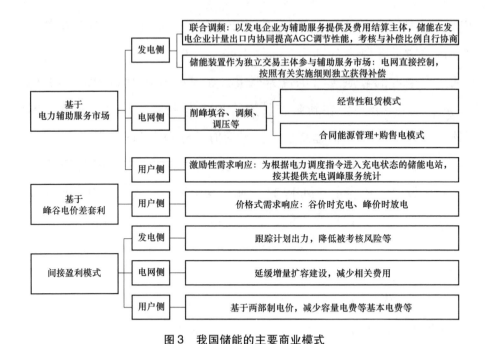

图3　我国储能的主要商业模式

二是技术仍待突破、成本仍需下降。综合而言，电化学储能技术中，除铅酸电池外，我国其他电池储能技术的成本与商业化应用仍存在一定的差距。

三是安全事故频发、标准亟待完善。电化学储能技术路线和技术产品众多，但尚没有哪种技术能够完全满足循环寿命长、可规模化大、安全性高、经济性好和能效高等五项储能关键应用指标。我国虽已出台数部储能相关标准，但体系建设仍不完善，在储能项目建设方面，消防、土地、环保、交通等部门对储能项目建设的相关审批要件缺乏认定标准。在项目运行方面，技术、运行和安全管理方面标准不完善，相关管理规定和办法亟待出台。具体到安全性方面，主要体现在系统风险识别与评估要求的缺少、电池管理系统（BMS）功能安全评估的缺失、BMS未结合系统进行整体评估，在外壳、保护接地、端子和线缆、文档信息以及其他关键组件的要求上缺乏详细的规范或明确的指引等。

四是激励机制不足、政策仍需完善。虽然东北、新疆、福建、甘肃、安徽、江苏等地区均提出电储能可作为独立的市场主体参与调峰、调频等电力辅助服务交易，但是独立储能电站并网的相关调度策略和技术规定、电力系统接入标准、储能系统的充放电价格、独立计量和费用结算等方式都尚无明确规定，仅在广东进行了试点。

四、展望

一是新能源规模布局不断优化，利用水平持续提高。初步预测，到2025年，全国风电、太阳能发电装机容量将分别达到3.5亿、3.4亿千瓦，占全国总装机容量的比重分别为12.7%、12.4%。2030年、2035年，全国风电、太阳能发电装机容量将分别同时达到5.0亿千瓦和7.0亿千瓦，占全国总装机容量的比重分别为15.1%和18.4%。到2025年、2030年、2035年，风电发电量将分别达到7350亿、11 000亿、15 400亿千瓦·时，占全国总发电量的8.0%、10.5%、13.5%；太阳能发电量将分别达到4121亿、6060亿、8484亿千瓦·时，占全国总发电量的4.5%、5.8%、7.4%。

二是新能源建设成本持续降低，补贴退坡步伐加快。风电方面，"三北"、福建、河北、山东、广西、江苏、浙江等地区由于风能资源条件优越，风电建设成本和非技术性成本较低，预计2020年可以实现无补贴上网。太阳能发电方面，河北、四川、山东、辽宁、内蒙古、青海、黑龙江、吉林等省份，由于资源条件优良、建设成本和非技术成本较低，预计集中光伏电站2020年可以实现平价上网。

三是储能作用持续增强，发展前景光明。据相关研究测算，到2035年，全国储能装机规模将达2亿千瓦，其中抽水蓄能装机将达到1.5亿千瓦，电化学储能等其他形式储能装机规模将达到5000万千瓦；至

2035 年，储能可增加新能源消纳电量 2100 亿千瓦·时。

四是电池储能成本加速下降，但短期内无明显优势。据初步估计，到 2025 年，电化学储能电池度电成本将下降至少 30%～40% 或更高，度电成本将低至 0.36～0.86 元/（千瓦·时）之间或以下，但短期内仍无法全面与其他电源相竞争。

五、政策建议

一是以更宏观的视角审视储能定位，评估储能在电力系统中的综合作用，做好储能在各环节的布局与配置。储能问题需要通观全局进行把控，需要站在能源转型、各类能源品种平衡的角度审视储能定位。建议综合评估储能在发电侧、电网侧、用户侧发挥不同作用的市场潜力及效益，制定储能技术发展路线图，将各类储能列入能源电力规划，从空间、规模、技术等方面给予政策引导，科学做好储能在电力系统各环节的布局与容量配置，同时由市场来合理调节。

二是强化扶持，完善体制机制，促进储能在各领域发展。从电源侧储能的发展场景看，需要警惕考核细则变动给火储联合调频市场中已有项目带来的风险，提防零和游戏下的恶性竞争问题。光伏配套储能的发展潜力大，从行政许可法的要求看，不宜强制要求现有新能源企业加装储能设施，可以从鼓励、优化新能源出力等方面给予加装储能的新能源电站更多优惠政策；对于新建新能源项目，一是鼓励各个地方根据实际情况，给予新能源项目配套储能装置专项补贴、储能项目初装补贴或者度电补贴。二是建议研究新建新能源配套储能装置打捆项目整体纳入新能源补贴的可行性。

从电网侧储能的发展场景看，储能的各种作用价值在电网系统中都可以实现，电网侧储能仍是储能重要的发展方向之一，但电网企业发展储能需要进行监管，既要发挥电网企业建设运行储能的各项优势，也要兼顾市场的公平性，如在对电网安全极端重要的领域可由电网企业来投资建设储能，其他领域可放开市场、公平竞争，且需要系统研究电网侧储能监管机制及价格疏导机制。一方面，建立区域内各相关单位共同参与决策和协调的机制，对新建及现有电网侧储能项目的全流程进行监管。另一方面，在公正、公平的基础上，引导社会各种资本投资电网侧储能系统，在此基础上建立市场机制进行价格疏导。

从用户侧储能的发展场景看，需持续关注电价政策、电力市场建设等对利用峰谷电价差的储能应用模式的影响。

此外，对于具有新能源发电、储能作用的光热发电技术应给予更多的关注和支持。

三是稳步推进现货市场、辅助服务市场等市场化机制建设，加快储能参与电力市场的进程。"还原能源的商品属性"是电力市场改革的核心要义，开放、规范、完善的电力市场是储能真正发挥储能反映电能特定时间、特定空间价值等优势的舞台，须通过完善辅助服务市场、现货市场等市场化机制，形成储能参与调峰、调频、备用、黑启动等辅助服务的市场价格等。当前，应通过电力市场、两部制电价等方式率先解决可靠性高、经济性好的抽水蓄能价格疏导问题。

四是科技创新，提升自身技术水平，促进储能行业高质量发展。不断提高储能的安全性、经济性、可靠性和寿命是当前除抽水蓄能外其他储能技术最紧迫的任务。针对发电侧储能的特定需求，开发高能量密度、高转换效率、长寿命、高安全性能、单体大容量的新型储能技术，以降低储能系统的应用成本。加大力度破解储能系统安全问题，研究优化电化学储能系统拓扑结构设计，解决多电池串并联失稳等问题。开发高准确度的监测和控制技术，实现储能系统的优化运行和状态预测，以提升储能的技术经济性。同时，基于电力市场化改革，因地制宜、充分利用区域性的市场规则，结合不断提高的储能技术水平，创新发展储能多元化的商业模式。

五是标准引领，完善储能技术标准体系。需要继续加快储能规划、设计、设备、试验、施工、验收、并网、运行、维护等储能全生命周期的标准出台，建成从规划设计、建设运行、设备维护等全过程的储能安全防控体系。

课题组长　王志轩

主要成员　潘荔　刘志强　李云凝

海上风电发展[1]

海上风电是可再生能源发展的重要领域之一，具有风资源丰富、可利用小时数高、不占用土地以及适宜大规模开发等特点。截至 2020 年 6 月底，海上风电累计装机容量 699 万千瓦。虽然海上风电开发潜力巨大，但由于我国海上风电处于产业化发展初期，发展中仍存在政策、成本、补贴、标准等方面的问题。该调研全面分析了海上风电的发展现状，探讨了海上风电在政策环境、技术成本、生态安全等方面存在的问题，分析预测了海上风电的发展前景，提出了促进海上风电高质量发展的政策建议。

一、海上风电发展现状

（一）装机规模快速增长

截至 2019 年年底，全国海上风电累计装机达到 593 万千瓦，占风电装机的 2.8%；主要分布在江苏（423 万千瓦）、福建（46 万千瓦）、上海（41 万千瓦）、广东（32 万千瓦）和浙江（25 万千瓦），合计占全国海上风电累计装机的 95.6%。2019 年，新增装机 198 万千瓦，占全国海上风电累计装机的 33.4%。截至 2020 年 6 月底，全国海上风电累计并

---

[1]　中电联 2020 年重大调研课题

网装机容量达到 699 万千瓦；2020 上半年新增装机 106 万千瓦，占全国风电新增并网装机的 16.8%。

（二）技术进步驱动创新发展

近年来，我国海上风电在机组设计、安装、设备制造等方面均得到了创新发展。截至 2020 年 9 月，我国已投运最大海上风电单机容量达 10 兆瓦；平均容量系数由 2010 年的 23% 提高至 2019 年的 33%，上升了 10 个百分点；起重与吊装能力更高、作业水深更深、机动性能和抗风暴能力更强的先进安装平台陆续交付使用。受到建设条件、行业政策及短期内供需关系等情况的影响，海上风电项目的造价波动较大。2019 年，我国海上风电项目的造价成本约为 1.5 万元/千瓦，较 2017 年下降 6.6%，但 2020 年受抢装等因素影响，造价成本有所上涨。

（三）补贴政策对产业发展影响巨大

现阶段海上风电成本远高于陆上风电、光伏发电，补贴对于海上风电的发展至关重要。2020 年初，财政部、国家发展改革委、国家能源局印发的《关于促进非水可再生能源发电健康发展的若干意见》进一步收紧了补贴范围，要求自 2020 年起，新增海上风电不再纳入中央财政补贴范围，由地方按照实际情况予以支持。按规定完成核准（备案）并于 2021 年 12 月 31 日前全部机组完成并网的存量海上风力发电，按相应价格政策纳入中央财政补贴范围。

二、海上风电发展存在的问题

（一）配套政策有待进一步统筹协调

一是在规划方面，"十一五"时期海上风电基本按照规划发展；"十二五"时期由于配套价格政策出台较晚等因素，海上风电发展远低于规划目标；"十三五"以来，海上风电发展速度加快，2019 年已提前完成规划值。二是在建设节奏方面，2021 年年底前并网的项目才能纳入中央财政补贴范围的政策要求，引发了海上风电项目的抢装，影响了整体产业链的供需平衡；且受新冠疫情影响，部分海上风电进口设备或材料供应难以保证，部分项目整体建设工期可能延长。三是在补贴方面，由于海上风电当前无法实现平价，如果地方不接力补贴，海上风电新增规模将急剧下降，造成产业断崖式下跌。此外，海上风电同样面临新能源补贴发放滞后较久等问题。

（二）多因素造成海上风电成本较高，全面平价仍需一定周期

一是在资源条件方面，我国海上平均风速 7～8 米/秒、风能密度 500～750 瓦/米^2，低于欧洲平均 9.8 米/秒的风速与 1000 瓦/米^2 以上的风能密度；我国海床地质条件一般，大部分海域以淤泥质黏土或粉质砂土为主，承载力较弱。二是在单机容量方面，2019 年我国海上风电单机容量以 4～5 兆瓦机型为主，欧洲平均为 7.8 兆瓦左右。三是在离岸距离方面，我国已投产及在建海上风电项目平均离岸距离约 25 千米（欧洲平均 59 千米），近海风电的风能资源、稳定性均差于深远海。四是在设备材料方面，我国海上风机部分关键零部件（如主轴承、液压变桨系统等）仍需进口，国产化率较低，增加了降本难度。五是在施工运维方面，相比于欧洲，我国海上风电施工难度大，虽然目前安装船数量正在稳步上升，吊装能力也逐步增加，但专业施工运维设备效率与可靠性有待提升，缺乏运维大数据与经验积累。六是在建设节奏方面，我国海上风电抢装潮带来的产业链供需失衡，使风机、零部件、材料等供不应求，安装施工成本急剧增长，短期内增加建设成本。七是在开发方式方

面，当前同区域海上风电分别由不同开发商开发建设的方式不利于成本的下降。我国海上风电已建及在建项目多执行 0.85 元/（千瓦·时）的标杆电价，竞争配置的最低上网电价为 0.738 8 元/（千瓦·时），比计划于同一时期并网的英国海上风电上网电价每千瓦时高 0.12 元以上，全面平价仍需一定时间（见图 1）。

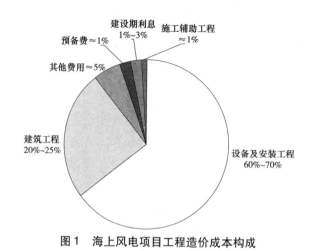

图 1　海上风电项目工程造价成本构成

（数据来源：中电联、中国三峡新能源集团股份有限公司）

（三）随着海上风电的快速发展，潜在的消纳、运行安全等风险不容忽视

一是在消纳方面，目前我国海上风电装机规模较小且靠近负荷，尚未出现弃风情况，但随着规模持续快速增长，若地方消纳能力有限、外送输电能力无法提升、调峰资源未配套建设等，海上风电将存在较大的弃风风险。如，广东电网"十四五"期间具备消纳 1600 万千瓦海上风电的能力，需配置储能约 120 万千瓦，远期 2030 年具备消纳 3000 万千瓦海上风电的能力，需配置储能约 700 万千瓦；江苏的海上风电多接入苏北电网，为接纳更多新能源，亟需加强江苏北电南送的输电能力，但

在 500 千伏东二通道投运前，北电南送输电能力难以大幅度提升。二是在运维方面，由于海上风电海域环境复杂，运维难度远高于其他新能源类型；部分货运船、渔船航程不规范可能引发海上风电场运行安全事故等（见图 2）。

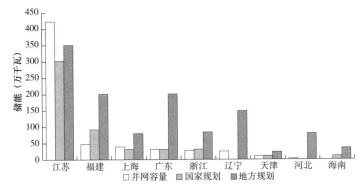

图2　"十三五"期间分省份海上风电实际规模与规划目标对比

（数据来源：国家电网、南方电网、国家能源局、省（市）级人民政府等）

（四）海上风电标准薄弱，标准体系仍需持续完善

2010 年以来，我国出台了三十余项海上风电相关国家、行业标准，涉及海上风电基础、防腐、运维、评价、风资源测量与场址勘测等方面。但由于海上风电对设备可靠性的要求高于其他新能源类型，施工难度和风险也更大，部分关键设备依赖进口，对复杂环境施工安装、运行维护、并网关键技术、大容量风机等方面还有待进一步深入研究，当前的设计、施工等技术要求主要参考港行、海工等相关规范，尚未形成完整的适应中国海上风电特点的行业标准体系，部分项目造成"冗余"过大的现象。

三、海上风电发展定位与展望

我国海岸线长达 1.8 万千米，岛屿 6000 多个，可利用海域面积 300 多万千米^2，海上风能资源储量丰富。根据 IEA 评估显示，我国海上风电年发电潜力约 8.32 万亿千瓦·时，其中近海年发电潜力约 1.96 万亿千瓦·时、远海年发电潜力约 6.36 万亿千瓦·时。

（一）发展海上风电具有重大意义

一是发展海上风电有助于加快沿海地区能源供给结构性改革，推动能源转型和保障能源供给安全，对我国实现 2030 年前碳达峰、2060 年前实现碳中和承诺具有重要意义。二是发展海上风电能够推动地区经济结构升级，有利于加快形成以国内大循环为主的新发展格局。福建福清、广东阳江揭阳、江苏如东射阳等地打造的风电基地已初步形成具备完整产业配套的千亿元级绿色产业集群。三是发展海上风电有利于加速技术创新。海上风电拥有较长的产业链，可以带动钢铁、机械、电力、电子、海洋工程、船舶制造等相关产业发展；海上风电涉及多项高端装备制造技术，其快速发展能够加速高端轴承、齿轮箱等技术的突破；海上风电发展为海洋测风、海洋基础、海洋施工、生态环境影响等基础研究创造了条件。四是海上风电有助于海洋经济发展。发展海上风电与我国建设海洋经济的国家战略高度契合，海上风电与氢能、海洋牧场等多种模式的耦合发展，将可能加速海上风电成本持续下降。五是海上风电靠近负荷中心，发展海上风电能够满足沿海地区用电增长需求，增加对电力系统的可靠支撑。海上风电具有平均风速大、输出功率稳定、利用小时数高、容量系数高等优势（海上风电的小时出力变化集中保

持在 ±15% 之间，陆上风电、光伏发电分别集中在 ±25%、±30% 之间)，避免了远距离的电力外送，对电网安全稳定运行与调度管理均更加友好。

(二) 海上风电发展对政策依赖性较强，还存在较大不确定性

一是在发展规模方面，在"十四五"初期海上风电无法实现全面平价、中央财政补贴取消的背景下，保守预计 2025 年海上风电装机容量达到 2500 万千瓦左右，2030 年达到 4000 万千瓦左右。若地方出台相关扶持政策，预计 2025 年海上风电装机容量将有可能达到 3500 万千瓦左右，2030 年装机达到 6800 万千瓦左右。二是在成本方面，预计到 2025 年，我国近海风电的平均单位装机造价成本将降至 1.2 万 ~ 1.4 万元；到 2030 年，近海项目造价成本将降至 1 万 ~ 1.2 万元/千瓦。广东、江苏的海上风电将率先实现无补贴平价上网，预计 2025 年前后近海海上风电将可能具备大规模平价上网的条件；2030 年平均度电成本降至 0.40 元/千瓦·时左右。三是在技术发展方面，当前海上风电的建设速度掣肘于施工安装环节，随着更大吊装和施工能力的千吨级安装平台逐步投入使用，适应更大单机容量的海上风电安装船将达到百艘以上，吊装能力基本满足海上风电建设需求；单机容量达到 15 兆瓦以上、叶片尺寸达到 230 米以上的海上风电机组将在未来十年内投入商业运行。

四、海上风电发展政策建议

(一) 加强政策协调性和连续性，实现海上风电有序健康发展

一是在统筹规划方面，充分考虑电网调峰和消纳能力，结合资源条件分区域制定海上风电发展规划，实现稳妥、有序、科学开发，实现源

网协调发展；由地方政府牵头发改、能源、海洋、渔业、航道、工信、军事、电网等相关部门，统筹做好海上风电项目核准、项目开发建设、项目验收、海缆通道及登陆点选址、接网工程建设等工作，保障海上风电项目及时并网投运。二是在补贴扶持与配套措施方面，综合考虑海上风电对沿海省份经济、产业、就业的带动能力，结合各地海域、风力条件研究制定地方扶持政策，积极推进一定年限的地方电价补贴或一次性补贴；结合疫情形势，适当推迟部分补贴项目并网考核时间节点；适时启动远海风电项目补贴政策制定工作。三是在新能源共性政策方面，严格落实各地区可再生能源电力消纳责任权重，有效落实配额制下的绿色电力证书认购制度；进一步加大地方政府的税收优惠力度，鼓励绿色金融债券等商业信贷支持。

（二）多措并举降本增效，实现海上风电高质量发展

一是在技术创新方面，从设备、施工、运维、管理等方面，多角度、多维度、全周期实施技术创新，降低海上风电建设运维成本，包括：风机整机商根据海上风能资源与海床地质条件等研发适用我国不同海域的高可靠性、大容量海上风力发电机组，同时各配套设备不断提高国产化率；设计院和整机商协同实现风电场优化设计、风机支撑结构整体化设计、新型基础施工技术突破、智能场群优化控制等；施工方不断扩大施工窗口周期，提高风机吊装效率；输电实现柔性直流远距离送出的技术突破；运维方充分利用大数据、云平台等先进信息技术提升功率预测精度、提高智能化水平，实现快速诊断风机故障、优化风机运行策略，提高风机发电量和可靠性；提前布局深远海关键技术储备并开展示范（如漂浮式基础等）。二是在建设模式方面，加快形成海上风电集中连片统一建设、集群输送通道统一建设方式，进一步推进海上风电规模

化集约化开发，降低重复或冗余建设等资源浪费；积极推进全产业链一体化建设，重点打造形成多个海上风电母港，集原材料、研发制造、物资仓储、安装运输、检测运维等一体的临港海上风电配套全产业链基地。三是在非技术成本方面，通过金融、市场、政策的驱动，进一步降低海上风电融资成本、政策成本等非技术支出。

（三）高度重视潜在风险与挑战，实现海上风电安全发展

一是在并网消纳方面，各地结合自身特点提前做好海上风电消纳监控预警工作，及时配套灵活性资源建设，同时拓宽海上风电消纳新途径，如北方沿海地区利用海上风电清洁供暖，以及发展海上风电制氢、海水淡化、船舶充电、海岛功能等海上风电与海洋资源综合利用耦合模式。二是在生态环境方面，开展海上风电项目在建设、运营和退役拆除阶段对环境潜在影响研究，防止出现由于海上施工运维等造成的海洋生态环境破坏；利用地理信息系统（GIS）等技术手段，减少或避免海上风电与航线、环境敏感区、捕捞区域资源和开采等冲突。

（四）完善海上风电标准体系，实现标准引领

一是加快完善适应我国的海上风电标准体系建设。在借鉴国际标准的基础上，结合我国天气、地质条件、气候特征、电网条件等情况，建立形成完整的从勘察与评估、设计和建设、安装和运维到并网和运行、退役和回收等阶段的海上风电项目全生命周期标准体系。二是积极参与国际标准制修订工作，提高在国际标准制订的话语权。三是重点关注海上风电柔性直流并网系统、海上风电场安全生产运行管理、设备运维防腐与环境评价等领域的标准，引领技术创新发展，推动产业优化升级。

课题组长　魏昭峰

主要成员　潘荔　刘志强　李云凝

协作单位　国家电网有限公司　中国南方电网有限责任公司

中国华能集团有限公司　中国大唐集团有限公司

中国华电集团有限公司　国家能源投资集团有限责任公司

国家电力投资集团有限公司　中国长江三峡集团有限公司

浙江省能源集团有限公司　湘电风能有限公司

第六篇

碳市场建设

发电行业碳排放权交易启动情况调研[❶]

为维护电力企业合法权益，促进电力行业碳市场健康发展，中电联组织开展了发电行业碳排放权交易启动情况专题调研。该调研认真分析了碳市场背景、各主体开展的主要工作，明确了影响碳市场建设的主要问题，提出加强发电企业内部碳管理与低碳能力建设、科学制定配额分配方案、逐步落实全国碳市场建设各阶段性目标和任务等措施建议。调研报告部分结论和观点向政府有关部门报送，反映行业碳交易共性问题及诉求，为管理者、决策者提供技术支持和参考。有关电力行业在碳交易市场建设方面取得成效，在联合国气候变化大会上得到中国政府代表的肯定；有关科学合理分配配额、有序推进碳市场建设的建议得到政府认可，在政策制定中得以体现。

一、发电行业碳排放权交易市场建设进展

碳排放权交易是通过市场机制实现低成本降低温室气体排放的有效手段，是我国应对气候变化的重要政策。从 2013 年开始，中国政府在七省市陆续开展碳交易试点。试点期间，行业协会有效组织，搭建沟通平

---

❶ 中电联 2018 年重大调研课题

台、开展专项研究；电力企业积极参与，纷纷建章立制、提升管控水平。2017 年 12 月，国家发展改革委发文率先在发电行业启动全国碳市场，明确了覆盖范围、参与主体、进度安排及机制建设等任务要求，对发电行业碳资产管理、深度参与碳市场、加强碳管控能力等提出更高要求。为促进发电行业碳市场健康发展、维护行业合理利益，同时受国家发展改革委气候司委托，中电联就配额分配、测试方案、碳市场能力建设等方面开展研究，形成了阶段性成果和观点为政策制定提供决策参考。

二、存在的主要问题

（一）火电行业减碳空间越来越小

按照国家节能减排相关规定，火电行业经过多轮"上大压小""节能降耗"等节能提效技术改造后，火电行业发电技术、节能环保技术几乎达到现有最好水平，进一步挖掘火电行业节能潜力日益困难；且近年来，为促进可再生能源大规模消纳，火电机组频繁参与调峰，机组负荷率普遍偏低，也不利于节能降耗。此外，碳捕获、利用与封存技术（CCUS）和整体煤气化联合循环发电技术（IGCC）碳减排成本相对偏高，尚未实现商业化运行。因此，火电行业通过技术措施进一步减少温室气体排放的空间有限。

近年来，通过淘汰落后小机组、新建大容量高参数机组等措施，火电机组结构持续优化。根据中电联统计，截至 2017 年年底，单机 30 万千瓦及以上火电机组容量占比约 79.4%；单机 60 万千瓦及以上火电机组容量占比约 44.7%；单机 100 万千瓦及以上火电机组容量占比约 10.2%（见图 1）。与此同时，煤电机组供电煤耗指标持续处于世界先进水平。2017 年，全国 6000 千瓦及以上火电厂平均供电标准煤耗 309 克/

千瓦·时（折算成机组净效率约为 39.8%），相比"十五"初期的 2001 年下降 76 克/（千瓦·时）。电力行业碳排放强度呈现总体下降趋势，但下降幅度有所减少。2017 年全国单位火电发电量二氧化碳排放约 844 克/（千瓦·时），近年来变化趋于稳定，说明通过节能降耗措施对降低火电行业碳排放强度的贡献越来越小。

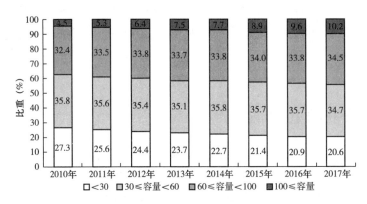

图 1　2010—2017 年不同容量等级火电机组容量占比

（数据来源：中电联）

（二）与碳减排相关的政策工具不协调

目前，国家在提出电力低碳发展目标和任务的同时，还对电力行业节能降耗、污染控制提出政策要求，电力企业需要全部执行国家有关低碳、节能和环保所有规定。实际上，针对电力行业的"节能"和"低碳"政策存在很大相关性，电力企业通过节能降耗可以达到减少碳排放的目标，同时碳减排政策也促进电力企业进一步提高能源利用效率。但是，电力企业开展污染治理、环保管理等工作，如安装并运行环保设施会增加电厂能耗和碳排放，甚至会以牺牲节能、低碳为代价。因此，国家有关电力行业低碳、节能、环保政策之间交叉矛盾的问题仍然存在。此外，国家在推动利用碳排放权交易的政策措施以减少碳排放的同时，还制定了用能权交易、节能量交易、可再生能源配额制度（即"绿证"政策）等政策措施。电力企业很有可能同时参与，并且各项政策措施在制度设计、管控要求、考核方法等方面存在较大的重叠交叉，存在衔接不畅、重复管理的问题。

（三）火电碳排放权配额分配仍未落实

配额分配制度是全国碳排放交易体系运行的关键要素之一。从国外碳市场运行及国内碳市场试点情况看，过松或过紧的配额分配都不利于碳市场建设。过松的配额会造成碳价持续低迷，如前几年的欧盟碳市场，几乎体现不出碳成本对生产经营环节的影响；相反，过紧的配额会过多提高参与碳市场企业的成本，也会使这些成本最终传导到全社会，影响到经济的平稳健康发展。我国对碳市场配额分配方案研究较为慎重，委托相关研究机构进行制定和测算。2017年3月，国家发展改革委组织制定了《法人单位二氧化碳排放配额分配方法指南（讨论稿）》，提出碳排放配额分配的原则、方法和标准，并确定具体的分配方案，并在四川和江苏省开展了试算工作；其中，电力行业根据燃料类型、容量等级、锅炉燃烧方式等初步划分了11条基准线，并给定了冷却方式、供热量、燃料热值修正系数。在此基础上，2018年，国家发展改革委又提出《2019年发电（含热电联产）企业二氧化碳排放配额分配实施方案（建议稿）》，针对"建议稿"中电联组织主要发电集团公司开展了配额测算与分析工作。从测算结果看，预计发电行业配额总体缺口超过12%，相当于发电行业配额总缺口约3亿~4亿吨，按照配额单价30元/吨计算，意味着碳交易成本在100亿元以上，几乎全部燃煤电厂和燃煤机组（包含循环流化床机组）缺少配额。这将形成"企业为买方、政府为卖方"的单边碳市场结构，影响电力与经济协调发展，不利于碳市场建设。

（四）碳市场与电力市场有待协调

碳市场与电力市场相对独立、又相互影响。从实际来看，发电企业生产电力的同时伴随着温室气体排放，二者是同一主体（发电企业）的两个方面；从运作来看，两种市场机制又各自独立，其政策、规则、管理和交易等各自成体系；从机制来看，碳市场侧重政策形成市场（尽管通过交易发现碳价格，但国家对碳减排政策目标起决定作用），而电力市场更侧重电力供需驱动市场。同时，碳市场与电力市场最大的共同点或共同性在于均在全国范围内进行资源优化配置。建设全国碳市场，利用碳减排成本差异，促进碳配额在全国范围流动，实现低成本高效完成碳减排目标；同样，构建全国电力市场，将使更多市场主体参与电力交易，发挥市场发现价格和配置资源的重要作用。二者都应以统一设计为前提，以统一规则为基础，按照市场总体框架推进。目前，我国碳市场和电力市场均处于起步阶段，从政策机制设计和实际运作来看，两个市场在统筹设计、统一推进和协调发展方面尚存不足。

三、措施建议

（一）统一认识，碳减排将逐步成为电力企业发展硬约束

在国家多项重要规划、方案、意见、法规政策、技术规范及标准等政策文件中都明确了碳减排相关要求，而建设全国碳市场是最重要的任务之一。全国碳市场建设以发电行业为首批行业，既肯定了电力在推进全国碳减排中的作用和贡献，又赋予了电力更大的历史责任。电力企业作为碳市场参与主体，面对复杂的新机制仅靠简单理解和被动适应是不够的，必须统一认识到碳市场将成为电力行业碳减排的基础性、长期性手段，必须认真梳理碳市场的每个环节，弄清碳市场与各种政策工具对

企业可能造成的影响。同时，建设全国碳市场也是促进电力转型的必然选择。经过多轮环保改造，电力环保技术和管理水平已处于世界先进水平，常规污染物控制基本告一段落，今后电力企业发展的思路应向低碳方面转移。全国碳市场启动后，将会倒逼企业研发新技术，拓展减排空间，引导和加速新兴投资。决策层要更加注重碳管理，提高对碳交易的认知，人、财、物要向碳市场、碳收益、碳资产方向倾斜。

（二）整体行动，发挥电网、发电企业对碳市场促进作用

全国碳排放权交易市场建设关系到整个电力系统，需要电网企业、发电企业，甚至电力用户积极参与，发挥各自作用。根据国家政策要求，发电企业开展了大量基础性、能力建设性工作，深度参与到碳市场建设中，是碳市场参与主体。电网是电力电量调度配置的重要环节；全国碳市场启动后，随着电力市场改革的深入推进，必然会对发电企业生产经营产生影响，保障"复杂"环境下电力系统安全的重任将落到电网企业。此外，随着碳减排目标的明确、碳市场建设的推进，将会对以往电网调度规则产生影响，发现更加适合碳市场和电力市场的调度规则将对电力系统输配环节提出挑战。因此，全国碳市场建设需要整个电力系统积极参与、发挥各自基础性、决定性作用。

（三）完善机制，加强发电企业内部碳管理与低碳能力建设

根据全国碳市场建设相关要求，持续修订发电企业内部碳管理制度（办法），完善集团各级碳管理信息报送、核查制度等；优化集团总部、子公司和基层碳排放企业管理体系，梳理完善各级管理职责；定期组织碳交易管理专业技术培训，关注国家碳排放控制有关政策，不断促进碳交易及管控综合能力提升等。

（四）合理分配，科学制定配额分配为电力持续发展留有空间

配额分配是碳交易体系的核心内容，建议在电力行业适用基准值配额分析方法共识的基础上，尽快确定配额分配方案。配额分配应体现电力行业基础性、公用性行业特点，激发电力企业参与碳交易的积极性，保证一定的市场活跃度。由于火电企业已经处于大面积亏损状态，同时碳排放权交易应当与其他政策措施和市场机制协调组合，在适度降低整体碳排放强度基础上，不宜再增加企业负担，碳市场的核心是将减碳成本传导到全社会层面，切实发挥市场机制的决定性作用。现阶段提出的碳交易配额分配方案可用于碳市场运行测试阶段，目的是保障一定规模的电力企业实施交易。随着碳交易的逐渐深入，结合交易过程中暴露的问题，也随着监测、报告、核查体系（MRV）的逐渐完善，再逐步调整基准线设置的精准度和覆盖面。制定配额方案应从以下几个方面具体考虑：一是以低成本减碳为目标导向。鉴于不同发电企业具备不同的特点，配额分配在碳交易初期，可适当简化，对于某些特殊机组的特殊性问题可通过调整系数来加以解决。二是兼顾效率与公平。通过配额分配实现对燃气机组、百万级超超临界、热电联产等大容量、高参数、低排放机组的正向激励；在初期分配阶段，可兼顾落后产能在国民经济和电力系统中的地位，但最终还是要淘汰落后机组。三是促进电力结构最优。有利于促进电煤占煤炭消费比重提高，特别是加强散煤替代；促进电力占终端能源消费比重提高，鼓励以电代煤、以电代油。四是注重发挥集团公司整体资源配置作用。进一步明确国有大型发电集团"对出资控股发电企业碳排放权相关活动进行管理、监督和指导"定位；允许大型发电集团内部进行配额免费或低成本场外或定向交易，待市场成熟后逐步放开，最终实现充分的自由竞争和交易。五是建立配额常态调节与应急调节机制，避免碳市场对电力企业可能带来的潜在风险。六是建议

暂缓推行地方二氧化碳排放基准，降低对配额等价性、跨区域碳对标管理等影响。七是平衡行业间配额分配，实现国家统一宏观管理。其中，电力行业配额发放不宜过紧，否则会增加企业不合理的履约成本，影响到企业的正常经营。八是建立碳市场和电力市场联动机制，碳成本反映在电价中。

（五）循序渐进，逐步落实碳市场建设各阶段性目标和任务

首先，碳市场是政府主导、政策构建的机制，应在做好顶层设计的基础上，以问题为导向，高度重视全国碳市场建设的阶段性、统一性、公平性、可操作性、兼容性。在总结七个碳交易试点和国际碳市场的经验基础上，按照先易后难、循序渐进、分步实施的原则，立足国情、考虑区域和行业差异来设计、建设、逐渐完善全国碳市场。其次，在全国碳市场形成之后，要加快完善相关法律制度，制定与碳交易相关的法律、中央及地方行政性法规、制度等，形成一套完整的法律体系，这是碳市场的根本保障。同时碳交易法律体系的构建要注重前后连贯、层次分明、内外协调。对外，应当保持与碳交易国际法律之间的有效衔接，尤其要与巴黎气候大会之后全球碳市场的新形势、新变化、新发展相适应；对内，应当实现与其他已出台的与碳减排相关的部门法之间的衔接互补，从而保证整个碳交易法律体系的和谐统一。为了促进碳市场的健康发展，应当加强对排放数据准确、交易平台完备、严格监督履约的支撑条件建设。此外，碳市场要注重市场规律，减少政府干预。碳市场只有在市场供求机制和竞争机制的作用下，形成合理的碳价格，才能够有效合理配置减排资源，通过市场竞争机制实现优胜劣汰，促使企业以最低成本进行节能减排。

（六）提高能力，发挥行业协会促进各方能力建设的平台作用

持续加强碳市场能力建设相关培训，尽快掌握碳市场的机制和方法，通过市场交易获得更好的收益。碳市场使企业有了新的优化机组运行和提升生产经营的动力，加之电力体制改革不断深化，一些新的电价机制与碳市场结合后，会增加更多可供优化的方案，会在很大程度上改变传统的盈利模式。同时，电力企业应当在未来两年左右的基础建设和模拟运行期间，熟练掌握碳交易工具，为完善碳市场建设做出贡献。长远来看，市场机制的作用，会不断迫使电力企业进行科技创新，促进减碳技术的发展和应用。在模拟运行阶段，发挥好行业协会和企业的作用。模拟运行是检验和评估碳市场相关制度、机制设计是否有效的实战演练，它不仅为进一步完善碳市场管理制度和支撑体系、强化市场风险预警与防控机制打下良好的基础，也决定着碳市场能否健康推进和扩大范围。中电联要在模拟方案制订中发挥熟悉行业特点和与企业具有天然良好沟通的优势，承担好政府部门委托的各项工作，积极发挥好应有的作用，满足碳市场建设进度和质量要求；同时，进一步加强协会自身在推进碳市场建设方面的组织建设和能力建设。电力集团公司应当发挥总体优势，在集团层面统筹碳市场建设，使国家碳市场建设的有关要求在所有企业落到实处，并通过碳市场的作用努力降低集团公司整体低碳发展成本。电力企业作为市场主体，尤其要精心准备积极参与模拟，并把模拟当实战，为碳市场平稳建设做出积极贡献。

课题组长 王志轩

主要成员 潘荔　张晶杰　杨帆

协作单位 中国华能集团有限公司　中国大唐集团有限公司

中国华电集团有限公司　国家能源投资集团有限责任公司
国家电力投资集团有限公司

粤电集团有限公司（现为广东省能源集团有限公司）

深圳能源集团股份有限公司

自备电厂参与碳排放权交易[1]

自备电厂如何参与碳市场，政府部门和企业应采取哪些应对措施？这些问题对电力行业和全国碳市场建设都具有重要现实意义。受国家应对气候变化主管部门委托，中电联组织开展了自备电厂参与碳排放权交易调研，在充分吸收大型发电集团及石化、建材、钢铁、有色等行业对自备电厂参与碳市场的意见建议基础上，从碳排放管理的角度，首次提出了"分期分批纳入，首批纳入的自备电厂不包含在燃料中掺有其他工艺系统产生的可燃燃料的机组"的建议。调研报告报送生态环境部，提出的"自备电厂分期分批纳入全国碳市场、采用统一碳市场管理规则、强化自备电厂标准体系建设"等政策建议被采纳，并在全国配额分配方案编制及试算工作中得到了应用，为全国碳市场建设提供了支撑。

一、自备电厂基本情况

中国政府高度重视应对气候变化问题，已开展全国碳排放权交易市场建设，目前正进行二氧化碳配额分配。自备电厂是否需要纳入全国碳市场，何时进入碳市场，如何参与碳市场，政府部门和企业应采取哪些

---

[1] 中电联 2018 年重大调研课题

应对措施？这些问题对电力行业和全国碳市场建设都具有重要现实意义。

截至 2018 年年底，电力行业统计范围内，全国企业自备电厂总装机容量已超过 1.56 亿千瓦，约占全国全口径总装机容量比重的 8.2%。其中，火力发电自备电厂总装机容量为 1.53 亿千瓦，占全部自备电厂总装机容量比重超过 97%，占全国火电总装机容量的比重超过 13%。

自备电厂的出现有着复杂的历史、体制、市场因素，与我国电力产业发展和电力供应能力密切相关。20 世纪 80 年代末 90 年代初，随着我国经济快速发展，电力建设难以跟上经济发展的速度，全国处于缺电状态，大部分地区电价水平较高、拉闸限电频繁，严重影响了企业正常的经营秩序。在各行业严重缺电的情况下，政府"独家办电"的垄断体制弊端日益显露。国家开始出台措施鼓励"多家办电"，支持电力市场形成多元化投资主体，各地高能耗企业纷纷开办自备电厂，解决公有电网电力供应不足、可靠性不高或者用电难、用电贵等问题（见图 1）。

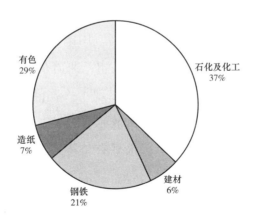

图 1　不同行业自备电厂装机情况

（数据来源：中电联）

从燃料来源来看，现有的自备电厂可分为两类：一是利用本企业排放的废料或未能利用的副产品，通过自主设计自主运营或者合同能源管理方式进行发电，这些机组的容量取决于排放的废料及未能利用的副产品产量，所发电量主要供本企业生产所用。二是为满足本企业生产用电而建设的常规燃煤电厂，自主采购燃煤进行发电，所发电量在满足本企业生产所需的同时，多余部分按照协议规定可输至电网，不足部分从电网采购，即"缺电网供，余电上网"。

从发展优势上看，自备电厂一方面具备靠近终端负荷、管理效率高、利用小时数稳定等特点，可为企业及周边居民用户提供稳定、低成本的电力和热力供应，帮助降低企业用能成本。另一方面，自备电厂的电源机组容量一般较小，分布广泛，能灵活地承担调峰任务，更有成本优势。

自备电厂保障了企业在供电紧张时期生产用电需求，降低了企业特别是高载能行业企业的生产成本。其中，利用生产过程中余热、余压、余气建设的发电机组，以及热电联产类自备电厂还提高了资源综合利用效率；部分自备电厂还承担了局部地区的供热、供暖任务，在一定程度上促进了地方经济发展和社会和谐稳定。对于电力密集型行业来说，由于单位产品或单位增加值的电耗非常高，用电成本占总生产成本的比重较高，因此部分企业开始通过建立自备电厂来降低用电成本。

但是，在自备电厂发展过程中也出现了一些问题，如未批先建、批建不符，部分自备电厂能耗指标、排放水平偏高，国家有关政策落实不到位，基本未承担社会责任，运行水平有待提高等现象。其自备电厂成本较低不仅仅是因为电力的自产自销，还有多方面的原因，比如在承担社会责任方面，自备电厂普遍未按规定缴纳政府性基金及附加费，以及应承担的政策性交叉补贴。如公用电厂的成本包括政府性基金、农网还贷资金、三峡工程建设基金、城市公用事业附加费、库区移民后期扶持资金、可再生能源电价附加等多个项目。此外，公用电厂还要承担对居民、农业的交叉补贴。

二、自备电厂参与全国碳市场存在主要问题

（一）自备电厂界定不清晰

影响自备电厂纳入全国碳市场的一个重要因素是"缺乏关于自备电厂的明确定义"。自备电厂与公用电厂的界定，一般由省发改委或经信委进行。当前针对自备电厂尚未有明确的定义及规范性的技术标准，部分工业企业对自有发电机组单元应当被认定为动力站、燃料车间，还是自备电厂存在认知争议。然而，现实情况来看，相当数量的自备电厂运营已接近公用电厂。尤其在电力市场改革及分布式供能背景下，自备电厂与公用电厂间界限更加模糊，且甚至开始功能转换。

针对"缺乏明确定义"问题，可采取的临时应对措施是在全国碳市场监测、报告及核证规则、配额分配规则中进行定义阐述。从长远来看，发电行业需要加快出台自备电厂相关管理及技术标准，推进规范化管理。

（二）自备电厂核算边界确定困难

核算与履约边界界定存在困难，是影响自备电厂纳入全国碳市场的又一因素。若将工业企业的主行业及自备电厂同时纳入碳市场，有可能导致企业边界内排放量的重复核算，从而导致全国碳排放总量被高估。

我国自备电厂主要集中在钢铁、电解铝、石化和建材等高载能行业，上述行业通常具备工艺复杂、流程长等特征。自备电厂是其生产工艺的重要环节，从碳交易试点情况看，常常存在因核算边界不清，导致碳排放数据核算不准确或明显差异的问题。以宝钢集团所属宝山基地和东山基地为例，二者分别位于上海和广东试点地区，同样类型机组，宝山基地根据电力板块和钢铁板块划分，将核算边界认定为燃煤、燃油机

217

组，东山基地按照所用燃料类型认定为燃煤、燃油、燃气机组，导致供电排放强度产生了较大差别。

针对"核算与履约边界界定"问题，可在专家答疑平台进行统一提问解答。

（三）数据质量低、配额分配复杂

温室气体排放相关数据指标统计不完善、精度频次难以满足发电行业温室气体监测、报告及核算要求，是自备电厂纳入全国碳交易的根本障碍。数据质量低的主要原因，归结于当前自备电厂温室气体排放监管要求尚不明确、内在管理动力不足。针对碳排放关键数据缺失或不准确等因素对碳市场运行形成的可能冲击，可以"自备电厂设计参数、燃料缺省高限值等作为履约依据"的措施，倒逼自备电厂完善碳排放监测及统计数据管理。

自备电厂配额分配规则更为复杂、研究相对较少也是影响其纳入全国碳交易的重要障碍。燃煤自备电厂与公用电厂在配额分配领域可同等管理。其他火力自备电厂则缺乏配额分配依据，并且情况复杂。针对其他火力自备电厂，建议在加强其温室气体监测、报告及核证的基础上，组织团队抓紧研究制定具体的配额分配方法。

（四）试点地区有待与全国碳市场并轨运行与衔接

部分自备电厂将面临全国碳市场与试点碳市场并轨运行问题。对位于试点地区的含自备电厂工业企业而言，根据试点纳入门槛规定，过去几年基本均已在试点地区按照主产品行业进行配额分配并开展交易。若将自备电厂纳入全国碳市场（发电行业），可能出现部分企业在试点地区按照主产品行业进行碳排放权交易的同时，企业内部的自备电厂将在全国碳市场进行配额分配及交易的情况。总体来看，企业同时参与两个碳市场交易，虽然能使企业对碳排放管理有更为深刻的认识，但也为企业碳排放管理工作增加了客观的负担。

针对该种情况，可以采取"试点地区的自备电厂随主产品行业同时进入碳市场"措施，也即全国碳市场初期暂不纳入试点地区的自备电厂。

（五）对碳交易认识不足、专业人才短缺

与公用电厂相比，自备电厂在碳排放权交易认识、温室气体排放管理制度体系建设及专业人才队伍培养方面尚存在明显短板。鉴于试点碳交易地区大多将自备电厂视为其主行业的组成部分，不单独进行考核履约，自备电厂从业人员对交易管理政策、温室气体排放数据管理机制（Measuring Reporting and Verification，MRV）了解不到位的情况相对普遍。此外，自备电厂负责温室气体管控的专业人才配置相对较少，较难从容应对全国碳市场交易。针对自备电厂碳排放、碳交易能力建设薄弱问题，可依托行业协会、专业咨询机构等开展对应性培训，推动企业主体成为合格碳市场主体。

三、自备电厂参与全国碳市场的理论基础与必要性

（一）自备电厂纳入碳排放权交易的理论基础

一是性质相同。自备电厂从性质上讲属于发电企业，是电力工业的重要组成部分。自备电厂已纳入中电联的行业统计范畴，2018年自备电厂火力发电机组约1.53亿千瓦，占全国火电总装机容量的比重超过13%，从绝对量上来看相当于可能比大多数国家的全国火电厂装机规模还大，从碳市场建设的角度也需要进行整体部署。

二是公平原则。在参与碳市场建设的整体设计中不能把自备电厂排除在外。碳市场的建设是利用市场的手段进行低成本减碳。碳排放权交

易制度本质上是限额交易制度，是行政许可下的制度，理应体现公平性原则。无论是电力行业，还是其他行业的自备电厂，应公平进入碳市场，在同一规则下公平竞争。

三是存在共性。以燃煤自备电厂为例，生产建设运行包括技术支撑等与公用电厂差别微小，部分自备电厂已经转成公用电厂。自备电厂、公用电厂有共同的技术基础，甚至有共同的管理基础，在发电行业碳排放权交易的过程中应予以考虑。

四是统筹管理。近年来，特别是 2018 年后，国家有关部门整顿自备电厂的方案和各种要求陆续出台，这与中国能源电力发展的低碳转型和电力市场推进的大方向是一致的。自备电厂管理与碳市场统筹考虑，有助于更好推进温室气体减排重要方针，也有助于缓解整体供需矛盾。以燃煤电厂为例，燃煤自备电厂运行小时数明显高于公用电厂，部分燃煤自备电厂运行小时数超过 7000 小时。统筹管理，显然有助于推动能源供给结构更加优化。

（二）统一思想，提升自备电厂参与碳交易必要性认识

自备电厂作为电力行业的重要组成部分，要从政治高度认识低碳减排任务的重要性和紧迫性。党中央、国务院做出应对气候变化的决定、推进碳市场建设的具体要求，以央企、国企为主的发电企业（含自备电厂）应作为贯彻落实党的十九大精神重要政治任务，甚至提升到"四个意识"的高度去坚决执行。

四、政策建议

（一）将自备电厂分期分批纳入全国碳市场

将自备电厂纳入全国碳市场有助于国家实现自主减排目标，也符合

"同等管理，公平承担社会责任"等文件精神。综合考虑全国碳市场与地方碳市场并轨问题、非燃煤自备发电机组配额分配方案的复杂性等因素，建议分期分批纳入，首批纳入的自备电厂不包含在燃料中掺有其他工艺系统产生的可燃燃料的机组。

（二）采用统一碳市场管理规则

为了保障全国碳市场数据可靠性、规则公平性，首批纳入自备电厂与公用电厂采用相同的监测、报告及验证规则和配额分配规则。

（三）强化自备电厂标准体系建设

抓紧时间出台相关标准规范，完善自备电厂定义，明确数据监管及配额分配相关规则。

（四）加强能力建设

针对自备电厂碳排放、碳交易能力建设薄弱问题，依托行业协会、专业咨询机构等开展对应性培训，推动企业主体成为合格碳市场主体。

课题组长 王志轩

主要成员 潘荔 张晶杰 朱德臣 杨帆 郭慧东 徐微 王宇
雷雨蔚 王霖晗

协作单位 中国华能集团有限公司 中国大唐集团有限公司
中国华电集团有限公司 国家能源投资集团有限责任公司
国家电力投资集团有限公司 广东省能源集团有限公司
深圳能源集团股份有限公司 申能股份有限公司

全国碳市场（发电行业）交易风险及防范[1]

按照国家要求，发电行业率先进入全国碳市场。随着发电企业碳排放权交易量显著提升，碳交易风险加大。基于防范碳交易风险工作实际需要，中电联组织开展了全国碳市场（发电行业）交易风险及防范调研，通过深入了解政府主管部门、登记结算及交易机构、控排企业、金融监管机构、第三方机构等不同相关方碳交易风险及防控措施情况，总结了风险防范管理经验。针对全国碳市场不同主体风险管理需求，提出了建立健全法规制度、开展碳市场运行测试、完善市场监督机制、建立市场价格保护机制、完善信息公开和披露机制、严格实施市场违规惩罚制度、研究出台风险防范指南等风险防范建议，为构建全国碳市场风险管理机制提供了决策和技术支撑。

一、全球碳市场发电企业交易风险及防范基本情况

（一）碳交易风险分类及评价

风险是指某种危险事件发生的可能性与其产生的后果的组合。考虑到碳交易的特殊性、市场的差异性、价格的不确定性以及项目的跨期性

---

[1] 中电联 2020 年重大调研课题

等特点，主要划分为：政策风险、市场风险、操作风险、信用风险、流动性风险和项目风险和其他可能风险。为了降低碳交易风险事件发生可能性或者减少损失，需进行风险识别与评估，并提出有效的防控手段。

（二）国际典型碳市场风险及防范经验

调研组先后与欧盟气候行动总司、欧盟能源总司、欧电联等国际机构就碳市场建设与风险防范、电力企业应对策略等方面进行了调研和交流，对国际碳市场建设和风范防范经验教训做了系统梳理。

欧盟排放交易体系（EU－ETS）是世界上目前最为成熟的碳交易体系，其覆盖面广，涉及行业多，体系设计科学合理，内部管理机制与外部监督机制运行良好，对管理主体、管制对象、审核流程和配额分配等都有着详细规定。不仅从立法层面对碳交易进行了约束，还制定了《拍卖规定》，将能源市场也纳入法律管制框架之下，建立了以法律为保障的风险防控机制。欧盟有着十分全面的风险防控机制，在多年的探索中，欧盟制定了以风险监控为核心的风险防控体系，并针对各种可能出现的风险制定了紧急预案。

区域温室气体倡议（RGGI）是美国首个以市场为基础的强制性温室气体减排计划。RGGI 将拍卖和二级市场的监管委托给了独立的市场监管者——Potomac Economics。在市场运行过程中，针对已发生或可能发生的风险，RGGI 提出下列防范措施：配额跟踪系统、成本控制储备、排放控制储备、起拍价/拍卖底价、抵消配额。

西部气候行动（WCI）于 2007 年成立，当前覆盖加州和魁北克省、新斯科舍省。与 RGGI 类似，该市场也采用"季度拍卖＋二级市场"的形式获取配额。在市场运行过程中，RGGI 提出下列防范措施：履约工具跟踪系统服务、起拍价/拍卖底价、配额价格控制储备、梯级保护价格和价格天花板。

（三）国内典型碳市场风险及防范经验

上海碳市场高度重视碳市场交易风险防范及管理工作。在制度建设和在组织体系上，通过规范流程、建立规章制度、设立防控部门等方式对交易所的交易业务、流程等进行全面风险管理并监管。同时，开展多种形式的能力建设，进行风险培训。遵守市场化管理的原则，不进行不合理干预，积极研究市场异动，维护市场平稳健康发展。

湖北碳市场按照政府引导、市场运作的原则，构建开放、公平、透明、完善的市场体系，维护市场秩序，依法制定规则，丰富市场主体，降低市场风险，建立多层次的风险防控体系，防范各类市场风险。同时，为防范核查风险，把控全过程各风险点，将风险控制工作做在前面，做到事前充分筹备、事中及时协调、事后梳理总结。

二、全国碳市场建设发电企业风险预判

（一）全国碳市场风险影响因子、传导路径及全流程风险分析

风险影响因子：全国碳市场初期交易中可能存在的风险类型、风险影响因子及影响程度如表 1 所示。除此外，试点市场向全国碳市场过渡过程也可能存在风险。

表 1　风险影响因子及影响评估表

风险类型	风险影响因子	影响程度
政策风险	覆盖范围、配额分配方法、MRV 规则、交易规则、抵消机制、履约规则	强
市场风险	监管不到位、恶意操纵、信息披露问题、重大突发事件	中
操作风险	内部管理制度、人为误操作、系统故障、工作程序和内控不当	弱

续表

信用风险	数据泄露、虚假报告或篡改数据、交易对手方违约、交易体系或监管体制漏洞	中
流动性风险	企业惜售、恶意囤积、参与者单一、市场信息透明度、市场主体性质	强
项目风险	CCER 产出量不及预期或不符合抵消规则	弱
其他风险	账号安全风险、交易结算系统硬件风险、战争、疫情等不可抗力风险	中

风险传导路径：风险传导一般遵循由风险源出发，经由传导载体传递到不同节点，最终作用于风险接受者的机理（见图1）。实际上风险传导可能非线性的，而是反复循环作用。不同的风险类型，其传导路径也均存在较大差异。风险源头可能来自市场内部，也可能来自市场外部。风险的传递节点很可能也是风险接受者。

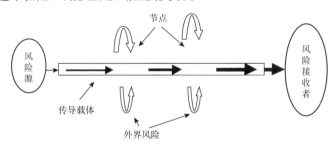

图1 风险传导机理及路径

关键环节风险分析：理论上，对于发电企业参与碳交易而言，关键环节主要有：温室气体排放报告与核查、开户及账户管理、配额及资金管理、碳排放交易、履约管理。

（二）现阶段全国碳市场监督及防控机制

全国碳市场监管主要目的在于维护市场秩序，其监督保障机制有：

统一的碳排放权交易系统、统一的注册登记系统、碳排放监测、报告与核查制度、重点排放单位碳排放数据报送系统。为了规避可能存在的风险，全国碳市场从配额总量设定与分配方案、碳排放核查系统、构建碳市场配套服务体系等方面加强风险防控。

三、发电行业交易风险应对策略

（一）发电行业全国碳市场交易风险防范应对准备情况

发电行业积极贯彻国家温室气体减排工作部署，积极配合全国碳市场建设工作。中电联对各主要发电集团调研情况梳理总结如下。

制度建设情况：制定一系列的管理规章制度，明确温室气体统计、自愿减排项目开发、配额交易及履约具体流程，从流程、资金、操作等环节入手，保障合规性和及时性，形成各自的统一完善的碳排放管理体系。

组织体系情况：根据相应的管理架构分别构建了相应的碳排放管理体系，例如，中国华能确定了"集团公司、产业公司/区域公司、基层企业"的三级管理架构；中国大唐集团有限公司实行归口管理＋专业公司的"三级架构二级管理"的模式；中国华电集团有限公司形成了自上而下的三级管理体系；国家能源投资集团有限责任公司建立集团公司—子分公司—基层企业三级管控体系；国家电投形成了集团公司统一领导协调推进、二三级单位贯彻执行、碳资产公司专业化支持的分级管理体系。

能力建设情况：多批次开展针对不同需求的碳市场能力建设活动，围绕碳市场背景和国家政策、集团公司制度、监测计划制订与执行、排放报告编制、中国经核证减排量（CCER）开发、配额交易和清缴履约等，全面提升碳排放工作的业务素质和能力水平。

（二）发电企业参与试点碳市场交易遇到的风险及应对情况

政策风险：各主要发电集团一方面积极跟踪政策及市场变化，另一方面积极发挥信息化优势，配额缺口预判，制定交易策略与交易计划，采用合理金融手段，最大程度规避政策风险。

市场风险：国内碳交易试点普遍存在交易高度集中的现象，主要是由政策不完善、市场主体对碳交易认识不足、信息不对称等多种因素造成的。总体来看，交易以政府为主导，企业参与并不积极，透明度较低，配额流动性差，尚无法通过有效的二级市场交易及时发现真实的市场价格和减排成本。这在一定程度上给控排企业带来了高成本履约的风险。各主要发电集团纷纷从源头抓起，灵活决策，提前安排交易，提前储备，尽早分批交易、分批采购及浮动交易，避免集中交易，或出售部分盈余配额，切实防范交易风险；积极对接配额盈余企业，拓宽采购渠道，避免流动性不足和价格风险；同时运用多种碳金融手段，盘活碳资产。

操作风险：在试点碳市场运行期间，操作风险主要是指因行情系统、下单系统等出现技术故障或者投资者自身操作失误，而导致意外损失的风险。各集团管控操作风险主要采用两种模式：建立标准化的策略报批—资金申报—下单流程体系，责任到人，制订考核措施与交易策略，建立风控措施，加强能力建设，熟悉规则，建立双岗校核制度；发挥集团化优势，对账户统一管理，避免单人交易，多人在场，确保交易指令无误。

履约风险：此风险是在试点碳交易阶段面临的最大风险。试点对未如期按规定完成履约的企业进行处罚，这将对企业的经济利益和社会形象带来影响，对企业的商业信用造成打击。各集团在明确履约提示的同时，提前启动交易方案，督促交易，并委派专员指导完成履约；另一方面积极开展托管、回购、抵押融资等业务，约定具体返还时间，降低履约风险。

四、有关建议

（一）政府顶层设计层面

一是建立健全法规制度。建立并完善碳价调控机制、交易机制、履约机制中政府调控相关的法律制度，为政府依法管控碳市场提供法律依据是当务之急。二是开展碳市场运行测试。应尽快开展测试运行，检验交易技术支持系统功能的全面性、安全性和稳定性，同时可发现各类风险隐患，检验市场监管和风险防控能力。三是完善市场监督机制。为了针对性地防控全国碳市场可能面临的政策风险、市场风险等，完善市场监督机制，设定专业、独立的第三方机构，对关键环节进行监督，对存在的争议进行仲裁，以确保公平公正。四是建立市场价格保护机制。在充分研究评估不同行业及全行业边际减排成本的基础上，制定碳市场价格合理参考区域，并对市场价格波动的上下限进行设定，避免市场交易价格受市场恶意操纵或监管疏漏导致的市场风险。五是完善信息公开和披露机制。加强市场关键信息公开披露管理，尤其是线下交易的关键信息，有利于市场交易规模和合理价格的发现、市场主体交易策略的制定，提高市场的活跃度，提振市场信心，降低交易风险。六是严格实施市场违规惩罚制度。碳市场初期，建议主管部门要建立全面合理的惩罚机制，对于违规现象，严格依据制度给予处罚。七是研究出台风险防范指南。建议国家研究出台全国碳市场交易工作风险防范指南，对企业提出指导性意见，指导企业建立内部风险防范体系。八是加强碳交易风险防控培训。建议在模拟交易期，开展交易培训，加强风险防控教育，提高风险防范意识和工作技能。九是加强碳市场的社会宣传。加强社会宣传，缓冲其他市场同碳市场之间的风险传递，促进市场的健康发展。

（二）市场参与方层面

行业协会：应充分发挥协会影响力，倡导企业规范自律，积极向政府反映企业与行业的诉求；同时积极参与全国碳市场的建设，促进全国碳市场平稳健康发展；宣传电力行业节能减排，开展碳市场能力建设活动，努力提高企业交易风险及防范能力。

注册登记机构、交易机构：注册登记机构、交易机构是碳交易管理部门监管市场的协助方，市场主管部门政策变动、履约期限推迟等因素均会转变为上述机构的风险，市场主体不活跃、信息不透明也会转变为风险。因此，提前研判评估潜在风险，建立科学的风险管控制度和应急预案，从管理和技术上防范风险是其亟待开展的工作。

控排企业、个人、金融机构：控排企业、个人和金融机构是市场主体。对于控排企业、金融机构而言，通过行业自律，建立风险管控制度，设置风险管控岗位，严格工作流程，过程监督防范风险均是必要的。对于个人而言，面临更多的是市场风险、操作风险和流动性风险，需加强能力建设，谨慎合规操作、科学合理预期。

第三方中介机构：核查机构、咨询公司、会计师事务所、律师事务所等是碳市场中的第三方中介机构。它们面临的更多是信用风险、项目风险及其他不可预期风险，建议第三方中介机构建立严格的内控制度，对员工、工作流程、项目信息等进行充分深入地评估，并适当利用保险工具进行风险对冲。

课题组长　王志轩

主要成员　潘荔　张晶杰　朱德臣　杨帆　郭慧东　雷雨蔚　秦亚琦

　　　　　　王霖晗

协作单位　中国华能集团有限公司　中国大唐集团有限公司

　　　　　　中国华电集团有限公司　国家能源投资集团有限责任公司

　　　　　　国家电力投资集团有限公司　广东省能源集团有限公司

　　　　　　深圳能源集团股份有限公司　申能股份有限公司

　　　　　　湖北碳排放权交易中心　上海环境能源交易所股份有限公司

第七篇

电力企业经营

电力企业经营状况及政策建议[1]

2014 年以来，全国电力供需形势转变，发电能力过剩问题逐步显现，电力市场竞争加剧，市场交易价格显著下降。电力企业经营形势越来越严峻，尤其是煤电企业出现了大面积亏损。为帮助电力企业经营解困，保障电力行业健康可持续发展，中电联组织开展了电力企业经营状况及政策建议研究，通过大量的调研和案例分析，梳理了电力企业的经营现状及存在的问题。该调研报告提出了加强电力规划、推进电力改革、完善煤炭产能政策、提升电能替代水平等政策措施建议，得到了政府主管部门高度重视，促进了电力行业平稳健康发展。

一、电力企业经营现状

当前，电力行业面临供大于求、机组利用小时持续下降、电价不断下调、电煤价格大幅上涨的严峻形势。2014 年以来，发电企业普遍出现经营收入下降情况，2016 年受电煤价格过快上涨的不利影响，又出现利润快速下滑的情况。

从五大发电集团的经营数据来看，营业收入连续三年呈现负增长，2016 年 1—11 月降幅达到 6.76%（见图 1）。

---

[1] 中电联 2016 年重大调研课题

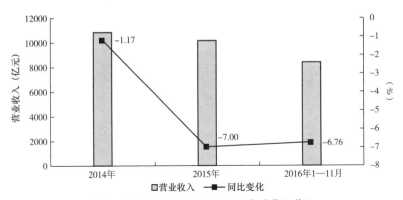

图 1 2014—2016 年五大集团合计营业收入

（数据来源：中电联）

五大发电集团的利润总额虽在 2014 年和 2015 年呈现较好水平，但是在 2016 年出现大幅下降，2016 年 1—11 月仅实现利润 547.9 亿元，比上年同期降低了 44.09%（见图 2）。

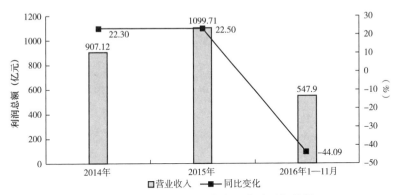

图 2 2014—2016 年五大集团合计利润总额

（数据来源：中电联）

2016 年以来，五大发电集团燃煤发电板块利润快速下降，从 9 月开始连续亏损三个月，且亏损额呈逐月扩大趋势，9、10、11 月累计亏损 57 亿元（见图 3），预计全年亏损总额将超过 80 亿元。亏损的燃煤电厂个数也迅速增加，占全部燃煤电厂总数的比例超过 30%。

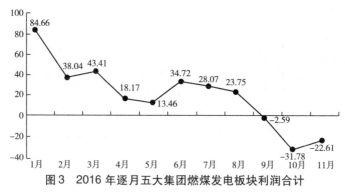

图3 2016年逐月五大集团燃煤发电板块利润合计

（数据来源：中电联）

当前，电网企业也面临着售电量增速逐年降低，农网改造投资大、收益低，电力改革任务重，地区间发展不平衡加剧，企业经营风险加大等矛盾和问题。

二、电力企业经营发展面临的主要问题

（一）电力供需矛盾加剧，清洁能源发电未能充分利用

一是燃煤发电机组容量快速增长，利用小时数持续下降。"十二五"期间，我国燃煤发电机组容量持续快速增长，扣除关停小机组容量后，平均每年新增燃煤机组超过4500万千瓦（见图4）。

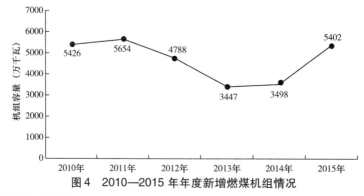

图4 2010—2015年年度新增燃煤机组情况

（数据来源：中电联）

燃煤机组利用小时数自2011年的5453小时持续降至2015年的4468小时（见图5）。

图5 2010—2015年燃煤机组利用小时曲线图

（数据来源：中电联）

受前期投资惯性等因素影响，预计未来两年内燃煤机组新增装机仍将保持较大规模，利用小时数还将继续下降。

二是可再生能源"三弃"问题突出，核电发电能力出现闲置。"十二五"期间，伴随着风电的迅猛发展，弃风限电问题逐步显现。2012—2015年全国风电利用小时数分别为1929、2025、1900、1724小时，平均弃风率分别为17%、11%、8%、15%。2015年，大规模"弃光限电"问题也开始显现，主要集中在西北区域，其中甘肃弃光率为31%、新疆为26%、宁夏为7%、青海为3%，四省区总弃光电量约49亿千瓦·时。

"十二五"以来，随着西南水电项目集中大规模投产，水电弃水问题日趋严重。据统计，2012—2015年四川水电"弃水"电量分别为76亿、26亿、97亿千瓦·时和102亿千瓦·时。

我国东部沿海核电机组进入投产高峰期，2015年全国新增核电机组709万千瓦，截止到2016年11月，全国核电装机容量达到3352万千瓦。受电力供大于求的影响，全国核电平均发电小时逐年下降，2015年为

7403 小时，比 2014 年下降 384 小时。

大量弃风、弃光、弃水，核电机组长时间停机备用，不但造成了清洁能源的巨大浪费，而且严重影响企业经营效益发挥和投资信心，不利于行业的健康发展。

（二）电力市场机制不健全，上网电价非正常大幅下降

一是市场交易电量比例快速增长。2016 年 1—11 月，部分省市市场交易电量达到了工业用电量的 30% 以上，有的地区甚至达到 50% 左右（见表 1）。云南省规定，"除政府保留的公益性调节性发用电计划电力电量和政府间框架协议内送往省外的电力电量外，其他电力电量都应当在电力交易平台上进行交易。"

表 1　2016 年 1—11 月部分省区电力交易信息

省份	工业用电量（亿千瓦·时）	交易电量（亿千瓦·时）	交易电量占工业电量比重（%）	交易电价降幅［元/（千瓦·时）］	企业让利（亿元）
广东	3296.3	439.8	13.3	0.033	14.69
云南	915.6	529.65	57.9	0.156	82.48
贵州	777.0	319.30	41.1	0.087	40.55
山西	1256.5	349.68	27.8	0.058	21.11
甘肃	737.7	168.19	22.8	0.114	19.14

注：云南、贵州的企业让利包括发电企业让利和电网企业执行输配电价后让利两部分，其他省份为发电企业让利数据。

（数据来源：中电联）

2016 年 1—11 月，云南省内发电电价平均每千瓦时降低 0.121 元，降幅超过 45%，发电企业全年将减少收入 72 亿元左右。

东部沿海的核电企业也面临核电机组发电利用小时下降和核电标杆电价下调的双重压力，经营日趋困难。

二是电力市场制度建设亟待加强和完善。

其一，电力交易规则不完善。国家没有出台强制性的电力交易规则范本，交易组织部门、交易形式、交易电量比例、交易价格形成机制等方面的规则差异较大，影响了市场的有序运行。部分地方政府在制定交易规则时，将降成本单纯地变成降电价，致使发电企业面临大幅单边降价的巨大经营风险。

其二，电量分配不合理。发用电计划放开后，新的计划电量分配被附加了许多条件，不能体现公平原则。部分省份出台了"煤电互保"政策，强迫电力企业补贴煤炭企业；部分北方供热地区热电机组电量计划仅 1200 小时，与"以热定电"优先发电权的要求不符；新疆、甘肃等新能源发电量计划与可再生能源全额保障性收购小时数差距较大等。

其三，电力市场监管有待加强。当前，交易机构和调度机构的职能划分有待进一步明晰，交易机构试点情况出现许多新情况、新问题需要及时总结，市场管理委员会研究讨论交易机构章程、交易和运营规则，协调电力市场相关事项等规定未得到落实，国家对地方政府干预市场、指定交易价格和交易对象、干预交易结果等缺乏有效监管。

三是可再生能源电价补贴拖欠问题突出。由于可再生能源电价补贴未能及时足额到位，新能源发电企业普遍面临"账面有盈利、实际无现金流"的尴尬局面，部分新能源企业资金存在着还贷断链风险。同时，分布式光伏项目申报进入补贴目录的流程烦琐，不能及时拿到"度电补贴"也成为制约分布式光伏发展的重要因素。

四是发电企业环保改造负担重。近年来，国家环保标准不断提高，环保改造投入资金巨大，自有资金不足，改造资金多来自贷款，企业财务费用增加较多。以某集团为例，2003 年以来，某集团已经累计投入 300 多亿元用于环保设施改造，大气污染物排放已达到 GB 13223—2011《火电厂大气污染物排放标准》相关要求，但近年来部分地区要求燃煤机组实现超低排放，导致之前达到标准要求的项目，在新要求下又需要重新改造。随着计划电量逐步放开，市场交易电量比重不断提高，环保补贴电价无法兑现，脱硫、脱硝特许经营项目难以持续。

（三）电煤价格过快上涨，燃煤发电成本骤增

一是电煤供需形势逐步紧张。从供给侧来看，自4月份煤企严格执行276个工作日制度以来，各月全国原煤产量同比大幅下降，2016年1—11月，全国原煤产量30.5亿吨左右，同比下降10%；从需求侧来看，2016年1—11月，全国煤炭消费34.9亿吨左右，同比下降1.6%，原煤产量降幅高于消费量降幅8.4个百分点。

二是电煤价格过快上涨。主要受限产减产政策影响，6月以来陕西、山西等主要产地以及沿海港口煤价均呈现出大幅快速上涨态势，也带动了国际煤价大涨（见图6）。11月2日环渤海动力煤价格指数达到607元/吨，比年初上涨236元/吨，涨幅为63.6%。

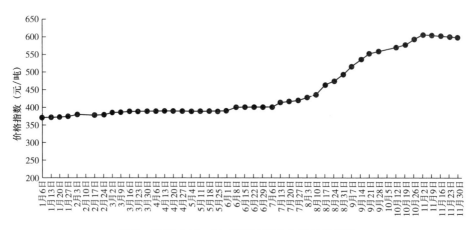

图6　2016年1—11月环渤海动力煤价格指数

三是燃煤电厂成本上升明显。燃料成本在燃煤电厂总成本中占比60%以上，而电煤从生产、运输、中转再到终端，各环节的涨价叠加，导致燃煤电厂燃料成本急剧上涨。

（四）农网改造任务艰巨，电网经营面临诸多难题

一是部分地区农网改造资金不足。2015 年，国务院启动新一轮农网改造升级工程，下达农网投资计划 7000 亿元，2016—2017 年需要完成"井井通电"和小城镇（中心村）电网改造升级任务，对电网企业资金保障、建设组织、工程管理都提出很高要求。农网投资增量效益低、内部收益没有保障，一些落后地区电网改造资金不足，电网企业面临投资增长与提高经济效益的矛盾。

二是部分地方政府单纯从地方利益出发，人为压低电网企业发展和盈利空间。部分地方政府单纯以降价为导向推进改革，通过压降输配电定价参数、虚增未来售电量等方式降低输配电价水平，甚至为实现降价目标提出取消两部制电价、分时电价等国家明确的电价制度。另外，输配电价机制要求按照"准许成本加合理收益"测定输配电价格，但从实际情况看，有的省份在测算输配电价时，权益资本回报率低于近年公用企业实际净资产收益率约 2～3 个百分点，同时对国家拨付资本金的农网资产按零回报确定收益率，使电网企业的经营和发展能力受到较大影响。

三是自备电厂无序发展，加剧电力供需矛盾，影响政策性电价附加和电网企业承担交叉补贴的收入来源。近年来，部分地方政府受利益驱动，鼓励企业大量发展自备电厂。据统计，2016 年上半年国家电网有限公司经营区域内自备电厂装机容量同比增长 15%，增速比上年同期高 6.5 个百分点，自发自用电量 1553 亿千瓦·时，同比增长 12%，比电网企业售电量增长率高 10 个百分点。由于多数自备电厂对政府性基金、可再生能源附加和电价交叉补贴资金的征缴不到位，且一定程度上处于无序发展状态，加剧了电力供需矛盾，影响了电价附加和交叉补贴的收入来源。

三、政策与措施建议

（一）强化电力统筹规划，引领行业可持续发展

一是建议有关部门进一步建立完善电力规划管理体制机制。在制定颁布《电力规划管理办法》的基础上，进一步完善以规划研究机构为主，电力企业、行业协会、专家学者和社会公众等广泛参与的规划研究体系，科学民主制定规划；建立健全包括论证公示、实施检查、滚动调整、监督考核、评估问责等节点的规划闭环管理机制；严格项目审批管理，坚持以规划指导项目，以项目落实规划，提高规划权威性；坚持国家规划指导地方规划原则，加强对省级电力规划的指导监督，抑制地方政府不合理的投资冲动。

二是进一步从严控制燃煤机组新建规模，综合施策，缓解电力供需矛盾。第一，要尽快健全完善风险预警机制，引导燃煤机组理性发展。国家能源局已发布 2019 年分省燃煤机组规划建设风险预警提示，建议根据需求和电源发展情况及时进行滚动完善，监督地方政府和发电企业按照预警等级，严格管理，把握好项目审批和项目建设节奏。第二，对电力严重供大于求的省份，坚决落实"取消一批、缓核一批、缓建一批"等措施。第三，要加大已有落后产能的淘汰力度，建议进一步细化燃煤发电机组淘汰标准、相关政策措施和工作要求，促进燃煤发电机组转型升级、提质增效。

三是加强新能源发电的统筹规划，抑制无序发展。建议有关部门对弃风、弃光严重的地区，严格控制发展节奏；对已经建成的大型基地，加快核准和建设相应的送电通道，扩大新能源发电消纳范围；统筹研究落实风电供暖、燃煤机组灵活性改造、建设抽水蓄能等调峰电源、需求侧管理等综合措施，提高系统消纳新能源发电能力。针对可再生能源补

贴拖欠问题，尽快研究并采取措施解决，第一是扩大补贴资金来源渠道，必要时调整可再生能源附加电价水平；第二是建立可再生能源补贴年度审核的常态机制，及时足额支付补贴资金；第三是准确测算可再生能源发电补贴资金需求，根据补贴能力合理规划新能源发电发展规模。

四是加大对特高压跨区电网建设的支持力度。为保障我国未来电力供应、电网安全发展、清洁能源大规模开发等需要，促进资源在全国范围优化配置，建议有关部门在科学论证的基础上，加大对特高压跨区电网建设的支持力度。其中，蒙西—湘南、锡盟—赣州等特高压输电工程对保障电网安全和清洁能源外送至关重要，建议尽快核准开工。

五是积极引导促进电能替代。建议有关部门从推进电能替代散烧煤、推动电动汽车产业快速发展、制定落实灵活电价机制等方面积极采取措施，引导促进电能替代。

（二）有序推进电力改革，建立健全市场机制

在改革过程中，应当协调好电力改革与行业发展的关系，中央企业与地方企业利益的关系，改革进度与配套措施、机制建设的关系，应当在保证行业企业运行在合理区间和健康发展的大前提下，积极稳妥推进改革。

一是建议有关部门指导各地区有序放开市场交易电量。对我国电力市场竞争性交易电量占工业电量比重超过30%的试点地区出现的发电侧无序竞争、发电企业大面积亏损等情况和问题进行充分调研和总结，坚持市场在资源配置中起决定性作用和更好地发挥政府作用，在完善交易规则和相关配套措施的基础上，有序放开市场交易电量。

二是有关部门加强对各省级电力市场交易工作的指导和监管。建议制定颁布统一的具有强制性的市场准入规则、市场交易规则等范本，及时纠正带有地方保护色彩的不合理政策，维护市场秩序；加强对各地区

电量计划分配原则的监督，对中央企业、地方企业要按照统一标准分配电量计划，并根据机组能耗和环保水平执行差别电量分配；加强对清洁能源发电情况的指导和监督，确保清洁能源发电的合理利用小时数；坚持输配电价由中央定价原则，合理确定核价参数，稳定电价交叉补贴来源和保底用户价格，避免地方政府擅自降低输配电价。

三是有关部门进一步研究完善火电环保补贴机制。将环保补贴电价调整为"价外补贴"，在市场竞争电价之外，按照度电标准给予补贴，保障企业参与市场竞争的发电量也可以得到应有的环保补贴收入。

（三）完善煤炭去产能政策，促进煤炭与电力协调发展

当前宏观调控政策存在全局性、系统性不够的问题，应当强化整体意识，注重统筹协调，实现电力、煤炭两个紧密关联行业平稳健康可持续发展，更好地服务于国民经济平稳运行。

一是建议尽快释放煤炭先进产能的产量，保障供需协调平衡。有关部门应安排安全高效环保的先进煤企尽快加大生产，释放煤炭产量，以保障电煤稳定供应，抑制煤价上涨趋势。同时，要抓紧研究276个工作日政策的退出条件和退出时机，不应将带有计划经济色彩的权宜之计作为长久政策，使先进煤矿产能尽快恢复到正常生产水平。

二是协调解决好煤炭运输环节问题。在我国夏季和冬季用煤高峰时期，运输环节一直是制约煤炭稳定供应的重要影响因素。建议有关部门高度重视煤炭运输环节问题，加大协调力度，保障电煤运力。

三是协调煤电双方签订中长期合同，加强合同监管。建议有关部门协调煤炭企业与发电企业签订中长期合同，公平合理确定电煤价格，促进能源产业效率提升，推动煤电双方形成"利益共享，风险共担"的长效机制。同时，加大对煤、电双方履行中长期合同的事中事后监管，建立合同兑现考评机制和企业诚信监督体系。

四是建立电煤市场监测和预测预警协调机制。建议有关部门组织大型煤炭企业、电力企业、主要运输企业，以及中国煤炭工业协会、中国电力企业联合会，联合建立电煤市场监测、信息共享和预测预警协调机制，及时应对市场变化，解决煤炭生产、销售、运输、消费等环节中出现的问题，保障供电供热用煤，促进煤、电行业企业平稳健康可持续发展。

五是尽快实施煤电价格联动，合理上调燃煤机组标杆上网电价。当前，环渤海动力煤价格与 2014 年相比上涨近 100 元/吨，远超 30 元/吨的联动机制触发要求。建议有关部门尽快按照煤电联动机制要求开展电价测算，及时上调燃煤机组标杆上网电价，缓解燃煤发电企业大面积亏损局面。

（四）加强政策资金扶持，提升电能替代水平

一是对边疆地区和困难地区农网改造给予资金扶持。农网改造投资大、效益差，边疆地区和困难地区更为突出，亟须国家资金给予扶持。建议主管部门将青海、四川、甘肃三省藏区以及新疆南疆地区和困难地区中央资本金比例由 50% 提高到 80%，中西部以及山东、福建革命老区由 20% 提高到 50%，东部其他地区 20%。

二是规范输配电价测算，保障电网企业合理收益。建议有关部门综合考虑企业历史情况，按照长期国债利率加 1 ~ 3 个百分点的原则确定电网资产回报率，合理测算输配电价。

三是规范自备电厂管理。建议有关部门尽快完善自备电厂管理政策法规，制定出台《企业自备电厂承担交叉补贴管理办法》，尽快将自备电厂政府性基金、附加及交叉补贴征收到位，同时建立健全对自备电厂的有效监管机制，促进清洁能源替代燃煤自备电厂发电和供热。

课题组长　于崇德

主要成员　游敏　栾加林　张卫东　王利　刘旭龙　孙健

协作单位　国家电网有限公司　中国南方电网有限责任公司

　　　　　　中国华能集团有限公司　中国大唐集团有限公司

　　　　　　中国国电集团有限公司（现为国家能源投资集团有限责任公司）

　　　　　　国家电力投资集团有限公司　中国神华集团有限责任公司

　　　　　　浙江省能源集团有限公司

煤电企业电煤价格承受能力及政策建议^❶

2016 年下半年以来，电煤价格急剧上涨，煤电企业生产成本大幅上升，受发电行业特性及价格机制等制约，发电成本变化难以及时充分向下游电力用户传导，导致发电企业经营效益严重下滑，电力行业健康发展受到严重影响。为缓解煤电企业经营困境，中电联组织开展了煤电企业电煤价格承受能力及政策建议研究。该研究梳理分析 2016 年以来电煤供需形势变化及电煤价格快速上涨现象，对煤电企业电煤价格承受能力进行测算分析，并提出了灵活调整煤电"去产能"政策、合理测算电煤长协基准价格、放开优质进口煤采购限制、完善煤电联动机制等政策建议。调研报告报送相关政府主管部门，对煤电标杆电价联动、煤炭价格调控、煤炭进口政策放宽等政策措施的完善及落实起到积极的促进作用。

2016 年下半年以来，在国家煤炭"去产能""控产量"等政策措施的影响下，煤炭产量持续下降，煤炭供应趋于紧张，造成包括电煤在内的煤炭价格急剧上涨，极大地增加了煤电企业燃料采购成本，再加上电力供应过剩、煤电机组利用小时下降、电力市场竞争导致煤电大幅让利等因素，煤电企业经营形势骤然严峻。进入 2017 年以来，电煤价格依然

---

❶　中电联 2017 年重大调研课题

居高不下，截至 7 月底，秦皇岛 5500 大卡动力煤现货价格上涨到 608 元/吨高位。据统计，2017 年上半年，五大发电集团燃煤发电板块全部亏损，总计亏损近 170 亿元，亏损面约 60%。尽管近期国家出台关于调整电价的有关政策，全国煤电上网电价平均上调约 1.1 分/（千瓦·时），但远不能改变煤电企业亏损的局面。如果没有进一步的政策调整和扶持，预计全年煤电企业将大面积严重亏损，进而危及整个发电行业的正常经营和电力安全稳定供应。

一、2016 年以来全国煤炭供需形势

（一）煤炭行业"去产能"政策及落实情况

为化解煤炭行业过剩产能，改善供需格局，抑制煤价下跌，国家相继出台了包括《国务院关于煤炭行业化解过剩产能实现脱困发展的意见》《关于进一步规范和改善煤炭生产经营秩序的通知》《关于稳定煤炭供应、抑制煤价过快上涨工作预案》等一系列煤炭去产能调控政策。

2016 年下半年以来，各项"去产能""控产量"政策措施得到很好落实。根据煤炭协会发布《中国煤炭工业改革发展年度报告》（2016 年度）称，2016 年全国煤炭行业超额完成去产能目标任务，规模以上煤炭企业原煤产量回落到 33.64 亿吨，同比下降 9.4%。

2017 年 5 月，国家发展改革委发布《关于做好 2017 年钢铁煤炭行业化解过剩产能实现脱困发展工作的意见》，确定了 2017 年退出煤炭产能 1.5 亿吨以上的工作目标。根据煤炭协会统计，截至 2017 年 7 月底，全国共退出煤炭产能 1.28 亿吨，完成年度目标任务量的 85%。其中，内蒙古、辽宁、江苏、福建、河南、广西、重庆 7 个省（区、市）已超额完成全年目标任务。

（二）煤炭供需形势

煤炭产量大幅下降，供需形势逐步紧张。2016 年，全国原煤产量 33.6 亿吨左右，同比下降 9.4%；全国商品煤消费 37.27 亿吨左右，同比上升 0.5%。消费量和产量呈现一正一负的增长态势，两者相差近 10 个百分点。受产量下降等因素影响，2016 年下半年，我国最大的煤炭输出港秦皇岛港煤炭库存量急剧下降，8、9 月份曾出现较为严重的船舶滞留港口现象，对下游煤炭用户造成不小的影响。2017 年以来，随着限产政策的逐步退出，以及部分核准项目建成投产，原煤产量相对增长，上半年全国原煤产量同比上升 5.0%；与此同时，受经济复苏、水电发电量减少等因素，电力、化工等煤炭下游消费量增速加快，2017 年上半年，全国煤炭消费量同比增长 5.5%，其中电力行业耗煤增长 8.2%，化工行业耗煤增长 6.3%，煤炭生产和消费增长仍有差距，煤炭供需仍相对偏紧，并出现了贵州、东北等省区供需矛盾严重，采取限制煤运出省等措施的情况。

煤炭价格大幅上涨，下游企业成本上升。主要受限产政策影响，2016 年 6 月份以来，陕西、山西等主要产地以及沿海港口煤价均呈现出大幅快速上涨态势，也带动了国际煤价大涨。2016 年 11 月环渤海动力煤价格指数达到 607 元/吨，连续十八期上涨，比年初上涨 236 元/吨，涨幅为 63.6%。2017 年以来，由于国家政策引导，煤电双方签订中长期合同，电煤市场价格得到了一定程度的稳定，但由于供需总体处于紧平衡状态，价格持续居于高位。截至 7 月底，环渤海动力煤指数再次突破 600 元，报收 608 元/吨（见图 1）。

煤炭企业经营改善，盈利大幅好转。2016 年以来，煤炭企业经营改善，盈利大幅好转。根据主要煤炭上市公司年报数据，27 家煤炭企业 2016 年实现营业收入 6271 亿元，同比增长 10.48%；盈利大幅好转。

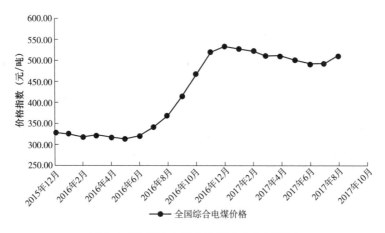

图 1 环渤海动力煤价格指数变化示意图

2017 年以来，全国煤价高位运行，秦皇岛港 5500 大卡动力煤市场价格一直在 650 ~ 700 元/吨附近波动。受煤价高企影响，煤炭行业效益同比大幅增加。据国家统计局数据显示，2017 年 1—6 月份煤炭行业利润超过 1400 亿元，同比增长超过 19 倍，利润增长幅度惊人。

二、燃煤发电企业经营情况

2016 年下半年以来，电煤价格大幅飙涨，导致燃煤电厂燃料成本急剧上涨。2016 年一季度，各发电集团平均到厂标煤单价（含税）在 400 ~ 430 元/吨左右，2017 年一季度到厂标煤单价（含税）飙升至 700 ~ 740 元/吨左右，涨幅接近 300 元/吨。

在电煤价格大幅上涨的同时，燃煤发电企业还面临供大于求、机组利用小时数持续下降、低价交易电量比例扩大、上网结算电价不断下降的严峻形势，企业经营利润出现快速下滑。据统计，中国华能集团有限公司、中国华电集团有限公司、中国大唐集团有限公司、中国国电集团有限公司、国家电力投资集团有限公司、粤电集团有限公司等六家发电集团利润总额 2016 年仅实现利润 680.73 亿元，同比下降 42.5%。2017

年上半年，六大集团燃煤发电板块无一例外全部亏损，合计亏损额近170亿元。六家集团燃煤电厂亏损面均超过50%，最高超过70%。

三、燃煤发电企业电煤价格承受能力

（一）动力煤价格535元/吨情况下煤电企业经营状况

调研的六家发电集团共计437家燃煤电厂，分布在全国不同省区。2017年六家企业集团燃煤电厂计划发电量总计19 030亿千瓦·时，总标煤消耗量57 670万吨，燃煤发电上网平均标杆电价0.377元/千瓦·时，市场化交易电量让利约为317亿元。

当秦皇岛动力煤价格为535元/吨时，按历史参数测算得到六家企业集团平均到厂标煤单价为649元/吨。通过财务盈亏分析，六家发电集团燃煤板块全部亏损，亏损最多的集团达到100亿元，亏损面最高的达到86.6%。因此，在现有市场条件和535元/吨煤价情况下，调研的所有发电企业集团均无法承受。

（二）电煤价格敏感性分析

通过对六家企业集团不同电煤价格情况下经营情况进行敏感性分析，当秦皇岛动力煤价格在480元/吨时，六家企业集团煤电板块利润合计仅14亿元，仍处于亏损边缘，其中四家企业依然出现经营亏损，最高的企业亏损达39亿元，煤电企业亏损面高达40%；当秦皇岛动力煤价格在450元/吨时，六家企业集团煤电板块可获得微利（合计利润为175亿元），但仍有2家企业集团煤电经营亏损（见图2）。

若全国平均煤电标杆电价平均上调1分/（千瓦·时），六家企业在秦皇岛动力煤价格455元/吨情况下可取得相对合理利润；若煤电标杆电价平均上调3分/（千瓦·时），六家企业在秦皇岛动力煤价格480元/吨

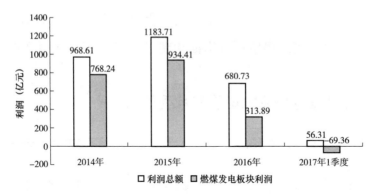

图2 六家发电集团经营利润变化示意图

（数据来源：中电联）

情况下可取得相对合理利润；若煤电标杆电价平均上调5分/（千瓦·时），六家企业在秦皇岛动力煤价格535元/吨情况下可取得相对合理利润。

（三）煤炭生产、运输成本及合理价格水平分析

经对相关发电集团所属煤炭生产企业生产成本情况的了解，目前"三西"地区先进矿井原煤生产成本为每吨100～120元。参考相关专业研究成果（《中国煤炭的成本底线与中国煤价的合理区间》，神华研究院，2016年12月发表），对"三西"地区10家煤炭生产企业进行调研，各企业生产成本折算到5500大卡动力煤，加权平均生产成本为每吨180元。

"三西"煤炭到秦皇岛港运输过程为，大准铁路264千米，大秦铁路653千米，共917千米，按电气化铁路综合运费每吨千米0.17元计算，加上煤炭上站短倒装车每吨30元和港杂费每吨24元，"三西"煤炭到秦皇岛港的平均运输费用为每吨210元左右。

按照生产成本（180元/吨）加上物流成本（210元/吨）计算，秦皇岛港5500大卡动力煤的综合成本为390元/吨，考虑生产环节、运输

环节增值税以及煤炭企业 8% 左右合理利润，合理价格应在 460 元/吨（含税）左右。

四、政策与措施建议

灵活调整煤炭去产能措施，促进市场实现供需平衡。建议根据煤炭市场实际情况，灵活调整煤炭去产能各项政策措施，在贯彻"去产能"总体思路的同时，坚持电煤市场化方向，鼓励符合安全、高效、环保的先进煤企加大生产，加快审批投产一批合规项目，释放煤炭产量，保障电煤市场的供需平衡和稳定供应。在当前煤炭供应紧张的情况下，要高度关注并谨防相关煤炭企业形成价格同盟，操纵产量和价格，获取垄断利润。要依法管理，积极采取措施，防止个别地区政府部门以加强监管、维护市场秩序等名义，采取"煤管票"等方式，对煤炭生产、运输、销售、出省（区）的企业合法自主经营行为进行不合理行政干预，控制煤炭生产、销售规模，人为制造供应紧张、拉高煤炭价格，干扰市场秩序。

合理测算电煤长协基准价格，促进煤电双方签订价格机制合理并能够有效履行的中长期合同。为保障煤炭、电力两个行业平稳健康可持续发展，建议有关部门协调煤炭企业与发电企业签订中长期合同，综合考虑煤炭先进产能的生产成本和发电企业的成本承受能力，公平合理确定电煤价格，促进能源产业效率提升，推动煤电双方形成"利益共享，风险共担"的长效机制。根据电力企业电煤价格承受能力及煤炭合理成本等情况，建议将秦皇岛 5500 大卡动力煤 460 元/吨的价格作为煤、电双方长协基准价格。同时，有关部门加大对煤、电双方履行中长期合同的事中事后监管，建立合同兑现考评机制和企业诚信监督体系。高度重视煤炭运输环节工作，加大协调力度，保障电煤运力。

放开进口优质电煤采购限制，平抑国内煤价过快上涨。我国煤炭具有"西煤东运，北煤南运"的特点，且物流费用长期居高不下，进口优质低价的海外资源有利于平抑国内煤价，补充国内优质煤炭的不足。因此，建议政府有关部门根据《煤炭工业发展"十三五"规划》关于鼓励企业进口优质煤炭的要求，转变思路，在海关、检验检疫、港口装卸费用等环节给予煤电企业优惠政策，鼓励优质低价进口煤的采购。

完善煤电联动机制，合理上调煤电标杆电价。建议对煤电联动机制进行调整和完善，一是取消"联动系数分档累退机制"，将联动系数明确为1；二是将年度联动调整为季度联动，及时反映真实的市场供需变化，减缓按年度电价调整幅度过大的压力；三是增加机组利用小时数作为联动因子，对机组利用小时减少导致单位固定成本上升的因素，予以适度考虑；四是综合考虑上述机制调整和电煤价格上涨的具体情况，在已经出台全国煤电标杆电价平均上调约 1.1 分/（千瓦·时）政策的基础上，按照电煤价格实际，进一步测算煤电标杆电价合理上调标准，尽快出台调价政策。

主要成员　游敏　张卫东　刘旭龙

协作单位　中国华能集团有限公司　中国大唐集团有限公司
　　　　　　中国华电集团有限公司
　　　　　　中国国电集团有限公司（现为国家能源投资集团有限责任公司）
　　　　　　国家电力投资集团有限公司
　　　　　　粤电集团有限公司（现为广东省能源集团有限公司）

电力建设企业经营情况分析[1]

随着经济进入新常态，电力增速放缓，电力投资大幅下降，电力建设企业面临巨大压力和挑战。为促进电力建设企业可持续发展，中电联组织开展了电力建设企业经营情况调研。该研究揭示了影响电建行业健康发展的主要矛盾，分析了矛盾产生的根源及表现形式，针对电建市场存在的各种矛盾，提出了出台煤电"去产能"配套政策、明确电建市场行业监管职责、规范电建企业国际产能合作等政策建议。调研报告报送相关政府主管部门和电力建设企业，得到各方的高度肯定。

一、电力建设企业改革发展和现状

（一）电力建设企业改革发展历程

1978 年以前，我国电力建设企业基本是计划经济体制下集中统一管理模式，电力建设企业与国家宏观经济发展呈现正相关的相互促进、共同发展的过程。1980 年起实施集资办电，打破了中央政府独家办电格局，解决了电力建设资金不足问题；1988 年起开始政企分开试点，不断培育和强化企业的市场主体地位，到 2000 年年底政企分开基本完成。

---

[1]　中电联 2017 年重大调研课题

2002 年 12 月 29 日，按照《国务院关于印发电力体制改革方案的通知》（国发〔2002〕5 号）要求，成立了由国资委直接管理的四大电力辅业集团公司，即中国水电工程顾问集团公司、中国电力工程顾问集团公司、中国水利水电建设集团公司、中国葛洲坝水利水电建设集团公司。

2011 年 9 月 29 日，按照国务院批复电网主辅分离改革方案精神，将各省级火电施工、勘察设计和修造企业从原来的国家电网有限公司和中国南方电网有限责任公司中分离出来，与当时国资委直管的四大电力辅业集团公司重组整合，成立了中国电力建设集团有限公司（以下简称"中国电建"）和中国能源建设集团有限公司（以下简称"中国能建"）。原国家电网有限公司、中国南方电网有限责任公司所属送变电施工企业仍留在网内。2014 年，内蒙古自治区国资委根据国家电力体制主辅分离改革精神，整合自治区内的省级设计企业、火电施工企业、送变电施工企业，成立了内蒙古能源建设集团公司（以下简称"内蒙古能建"）。

（二）我国电力建设企业现状

主要电力勘测设计企业

中国电建下辖中国水电工程顾问集团有限公司、水利水电设计总院，以及北京勘测设计研究院等 15 家区域及省级设计企业；中国能建下辖中国电力工程顾问集团公司、电力规划设计总院，以及天津电力设计院等 13 家区域及省级设计企业；内蒙古能建下辖内蒙古电力勘测设计有限公司。

主要水电火电送变电施工企业

根据中国电力建设企业协会（以下简称"中电建协"）统计，截至 2016 年年底，全国主要电力施工企业有 115 家。其中：水电 29 家、火电 52 家、送变电 34 家，分别隶属于中国电建、中国能建、内蒙古能建、国家电网有限公司、中国南方电网有限责任公司等企业。115 家企业中有水利水电和电力工程施工总承包特级资质的 23 家（中国电建 16 家、中国能建 6 家、内蒙古能建 1 家），其余均为施工总承包一级资质。

主要核电建设企业

中国核工业建设集团公司在原中国核工业总公司所属部分企事业单位基础上组建而成，在核电工程建造领域完成了我国压水堆、实验快中子反应堆、重水堆等多种不同堆型核电站的建造，形成了具有国际先进水平的核电建造管理模式，承担了我国大陆所有在建核电站核岛部分的建造任务。

主要电力装备制造企业

中国电建下辖河北电力装备公司等 13 家装备制造企业，中国能建所属装备制造企业已整合成中国能建集团装备有限公司。

新能源施工企业

我国的新能源建设（风电、太阳能发电、生物质能发电等）起步较晚，"十五"期间尚处于空白。"十一五"和"十二五"期间，随着国家电力产业政策的调整，清洁能源和可再生能源发电投资和装机规模得到快速发展，建设施工企业呈现国有和民营多元化发展的趋势。

各地区及县级配电设计施工企业

国家电网有限公司、中国南方电网有限责任公司、各地方供电企业所属地区级及县级供电企业，大都有其下属配电设计施工企业，规模相对较小，数量在千家以上，主要承担本地区及县级供电区域内 110 千伏及以下配电网及农网建设和改造任务。主辅分离改革后，一些省级电网企业又重新组建了设计队伍，归属于经研院等机构管理。

（三）我国主要电力建设企业经营情况

施工企业

2016 年主要水电、火电、送变电施工企业经营指标汇总情况详见表 1。

表 1 2016 年主要水电、火电、送变电施工企业营业指标汇总情况一览表

企业类型	集团名称	营业收入				资产负债				利润总额	
		国内		境外		总资产（亿元）	总负债（亿元）	资产负债率（%）	较2015年提高（%）	利润总额（亿元）	同比增长（%）
		营业收入（亿元）	增长率（%）	营业收入（亿元）	增长率（%）						
总计		4036	6.6	775	7.6	4191	3438.2	82.0	0.2	80.6	21.9
水电施工企业	小计	2197	7.9	544	10.2	2495	1965.1	78.8	0.4	64.7	7.9
	中国电建集团所属18家企业	1655		410		1949	1542.2	78.2	-0.3	49.8	42.6
	中国葛洲坝集团所属 9 家企业	493		117		475	379.8	79.9	-1.9	18.2	32.4
	其他 2 家水电施工企业	49		17		71	61.1	86.5	5.5	-3.3	
火电施工企业	小计	1282	3.7	223	3.9	1336	1213.0	90.8	0.0	7.0	-32.8
	中国电建集团所属20家企业	501		131		606	538.3	88.8	2.3	0.1	
	中国能建集团所属29家企业	760		92		704	647.2	91.9	-0.7	5.8	
	内蒙古电建集团所属企业	22				26	27.6	105.6	-13.5	1.1	

续表

企业类型	集团名称	营业收入				总资产（亿元）	资产负债			利润总额	
		国内		境外			总负债（亿元）	资产负债率（%）	较2015年提高（%）	利润总额（亿元）	同比增长（%）
		营业收入（亿元）	增长率（%）	营业收入（亿元）	增长率（%）						
	小计	557	8.4	8	35.3	363	260.1	71.6	0.6	8.9	36.3
	国家电网所属28家企业	468		7		277	195.6	70.6	0.3	8.2	15.9
送变电施工企业	中国南方电网公司所属5家企业	72		1		62	45.6	73.1	10.0	0.2	128.6
	内蒙古电建集团所属企业	17				24	18.9	79.9	-5.9	0.4	115.0

（数据来源：中国电力建设企业协会）

监理企业

电力建设监理企业的监理收入较快增长，占总收入比重也在逐步提高。2016 年达到 43.8%；随着我国境外投资建设电力项目不断增加，赴境外电力建设监理业务较快增长，境外合同存量额占电力监理企业合同存量额的比重达到 27%。2016 年电力建设监理企业经营情况见表 2。

调试企业

电力建设调试企业经营情况总体良好，资产负债率为 55.9%。但是 2016 年调试业务收入与上年持平，利润同比下降。在调试业务收入中，电源调试收入比重为 67%。2016 年电力建设调试企业经营情况见表 3。

二、电力建设企业面临的困难和问题

火电建设投资从 2005 年（2271 亿元）至 2011 年间降低至 50% 后，延续至今；水电建设投资从 2012 年（1239 亿元）至今降低至 50%，致使火电水电设计施工能力严重过剩。

在建煤电项目"停缓建"面临前期临建费用摊销、项目相关结算与补偿难问题（特别是未形成实物量的材料、人员设备进退场及闲置损失等问题）。

电力建设施工安全生产形势严峻，部分原因是由于中标价格较低，施工单位无法保证安全生产费用的投入，监理单位无法保证高素质人员到位。

电力建设市场存在的相关问题：一是招投标工作中项目标段划分过多、项目"最高限价"设置不合理、"默认"低价中标现象、随意设立除质量保证金外其他保证金等情况；二是合同文本中存在将合同单价或总价"包死"的方式向承包方转移风险、合同调整条款设置较高调整门

表2 2016年电力建设监理企业经营情况一览表

营业收入			合同额			资产负债率			利润	
总收入（亿元）	其中：监理收入（亿元）	监理收入增长（%）	合同存量（亿元）	监理合同存量（亿元）	境外合同存量（亿元）	总资产（亿元）	总负债（亿元）	负债率（%）	利润总额（亿元）	同比增长（%）
198.84	87.16	10.26	313.0	94.06	34.90	274.49	178.49	65.03	24.10	6.6

（数据来源：中国电力建设企业协会）

表3 2016年电力建设调试企业经营情况一览表

营业收入					合同额			资产负债			利润	
总收入（亿元）	调试收入（亿元）	其中：国内 电源调试收入（亿元）	电网调试收入（亿元）	境外调试收入（亿元）	合同存量（亿元）	新签（亿元）	境外（亿元）	总资产（亿元）	总负债（亿元）	负债率（%）	利润总额（亿元）	同比增长（%）
173.99	28.12	18.83	9.29	1.77	35.26	23.35	5.39	432.84	241.9	55.89	27.83	-4.03

（数据来源：中国电力建设企业协会）

槛、经常出现"甲方可以对本工程或其任何部分的形式、质量或数量做出任何变更"条款等不规范情况；三是执行合同中存在随意提高质量标准、无偿压缩或延长工程进度、对材料采购提出超过设计要求等情况；四是电力建设市场中招投标及结算等环节尚无明确的行业监管职能部门，是电力建设市场中一些问题长期存在的根本原因。

工程结算问题导致"两金"居高不下。变更索赔难和审计结果为结算依据导致结算难度大、周期长、"两金"居高不下，造成流动资金紧缺，潜亏风险加剧。

电建企业开拓非电业务问题。一是电力建设施工企业非电业务资质较少且等级较低，开拓非电业务市场入门比较困难；二是电建施工企业拓展基础设施领域时存在行业壁垒和地方保护现象。

电建企业"走出去"面临的困难和问题。一是难以融得承揽国际工程项目的资金；二是中国电力建设企业在境外市场存在低价竞争现象；三是发展中国家基本沿用西方发达国家的标准；四是中国企业虽有价格优势，但在管理等方面仍有较大差距；五是境外项目经济纠纷和合同争议大幅增加，法律援助服务不到位。

三、相关政策措施建议

（一）出台煤电"去产能"相关配套政策措施

一是在建煤电工程项目"停缓建"面临结算和补偿问题。建议相关行业主管部门和行业协会跟踪关注在建煤电工程"停缓建"善后事宜，适时出台配套政策进行指导，在各电力集团公司指导协调下，妥善解决项目"停缓建"后进度款拨付、工程结算、前期投入分摊和后续撤出补偿等相关问题，及时支付相应款项。

二是建议相关政府部门落实煤电"去产能"工作时，对相关煤电建设企业统筹安排退出事宜，避免影响企业稳定和陡增就业安置压力。建议对煤电建设企业人员分流安置工作，参照煤炭、钢铁行业"去产能"情况出台相关政策，执行相关财政补助标准。

（二）明确电力建设市场行业监管职责，规范市场主体行为

一是明确电力建设市场监管机构和职责。建议在政府电力行业主管部门内明确或建立电力建设市场行业监管机构，明确其电力招投标、合同签订、工程结算等市场各环节相关行业监管职责，制订完善电力建设招投标管理办法等相关行业监管规章，开展招投标、工程结算等市场行为监督，协调解决招投标及合同履约过程中发生的市场争议。

二是规范推行电力建设合同示范文本。建议由电力建设市场监管机构（或委托电力建设行业协会）牵头制订符合电力建设行业特点的电力建设合同示范文本，在电力建设领域推广使用，减少合同条款有失公平及执行随意等不规范的情况发生。

三是完善电力建设工程项目中标价形成机制。建议全面落实《建设工程工程量清单计价规范》和《电力建设工程工程量清单计价规范》，坚持工程项目价格以工程量清单计价为基础，防止以低于成本价格中标情况，保证电力建设市场价格合理市场定位，完善项目中标价形成机制。

四是加强行业信用体系建设，规范市场主体行为。建议政府行业信用主管部门牵头搭建全国电力建设市场各类主体企业信用信息监管平台，跟踪监控电力建设市场各环节运行情况，及时反馈曝光超低价中标等市场恶性竞争行为。定期开展电力建设市场信用情况调研，定期发布市场信用情况报告。

（三）政府相关部门加强落实各类安全生产主体责任

一是强化对电力建设工程项目各方安全生产主体责任落实的监管，强化《电力建设工程施工安全监督管理办法》的宣传贯彻，严厉处罚随意压缩工期、违反安全生产费用列支使用要求等违规行为。

二是强化安全技术管理。各施工企业建立健全施工安全技术保证体系，保证作业规程和技术措施落实到位。

三是大力推进安全生产标准化建设。强化对企业实现安全标准化的要求，强化对施工现场监督检查，实现安全生产责任体系全覆盖。

四是持续开展安全培训教育。从提高现场作业人员自我防范意识入手，关注行业安全管理岗位考核合格上岗等事宜，实现人员本质安全的目标。

（四）统筹规范电建企业国际产能合作

一是组织开展国家"一带一路"倡议相关政策和措施研究，提供政策解读和业务指导；研究制定电力建设企业国际产能合作产业规划。通过政府推动、协会引领、企业主导的方式，促进电力行业在更高层次上参与国际竞争，同时带动电力装备企业国际产能合作工作。

二是研究制订国内电力建设企业国际产能合作相关市场行为规范，促进电建企业加强行业自律，减少国有企业在国外市场中恶性竞争行为，维护企业共同利益和国家形象。

三是组织开展国际市场相关国家法律、经济、文化等研究，搭建国际项目法律咨询服务平台，提供法律援助服务；组织研究有关国内标准与国际标准对接应用，提供工程标准咨询服务；组织开展国际产能合作专业人才培训，提供专业指导服务。

四是借鉴"中国高铁""中国核电"品牌推广经验，依托"一带一路"建设，打造"中国电力"这第三张国家名片。积极化解电力建设产能过剩，推动"中国水电""中国火电""中国送变电"等品牌走向世界。

（五）促进企业转型升级，提高创新发展能力

一是完善体制机制，探索企业管理创新。

以商业模式创新为方向，创新体制机制。探索引入非国有资本以优化企业股权结构，完善股权、期权和效益分配等激励机制，充分激发企业内生动力，构筑公司与员工利益共同体。

提高精益化管理水平。强化全面预算管理，深化项目成本预算管控，努力降本增效，提升盈利能力。加强企业对标管理，不断完善企业内控和监督工作，实现综合管理水平的螺旋式提升。

深化电建集团内部企业整合，加强企业间文化融合，提升企业整体实力和市场竞争力。加大对市场前景好、附加值高的业务和产品的资源投入，加速淘汰落后产能，盘活存量资产。

二是注重市场开拓，努力推进业务转型升级。

提高企业综合解决方案能力和水平。落实供给侧结构性改革要求，对接市场需求提升产品和服务质量，增强为业主提供全产业链一体化解决方案的能力。推动企业由单纯施工向工程总承包（EPC）升级，从设计施工向主动为业主提供综合问题解决方案升级。

主动延伸业务产业链。针对国内煤电建设"停缓建"导致传统火电建设业务巨幅下降的趋势，建议相关企业资源积极向新能源建设、配电网建设、电厂检修等上下游产业链延伸，向综合性能源管理服务模式延伸。

积极拓展非电业务市场。在广泛介入市政建设类等基础设施建设领域同时，企业应积极探索发展新能源、新材料、高端装备制造等战略性新兴产业，创造新市场、新业务、新业态，不断优化市场和产业结构，

提升改造传统工程产业。

（六）强化行业协会引导、自律、协作、服务作用

一是实施电力建设企业资质专业化管理。

资质管理在电力建设市场监督管理、市场准入和维护市场秩序中发挥着重要作用。目前电力建设企业资质还由住房城乡建设部统管，其管理方式和深度都很难满足行业及市场需求。建议在住房和城乡建设部统一指导下，电力建设企业资质由国家能源行业主管部门归口管理，全面开展电力设计、施工、监理等企业资质前期审核及事中事后监管工作。

二是开展电力建设市场信息平台建设。

整合行业统计数据和电力建设、设计、施工、监理、调试、分包等企业信用信息资源，利用信息技术和网络技术探索搭建电力建设市场综合信息平台，结合目前调整电源结构、控制火电投产规模、跟踪停缓建煤电项目等信息，及时反馈政策落实情况和电建市场的动态情况，为市场、政府和企业提供市场信息服务。

三是协助加强行业信用体系建设。

行业协会继续发挥现有电力建设行业信用体系的作用，不断增强市场主体自律意识和引导市场诚信行为；在协助各集团公司加强对所属电建企业市场行为自律管控的同时，充分运用信用联合奖惩机制，对市场主体失信行为予以及时曝光，协助维护好电力建设市场秩序。

课题组长　魏昭峰

主要成员　尤京　王光　陈渤　孙世杰　李计东

协作单位　中国电力建设企业协会　中国电力建设集团有限公司
　　　　　　中国能源建设集团有限公司

电力企业"走出去"协同发展[1]

全球贸易保护主义和孤立主义抬头，能源民主化倾向带来全球能源治理新难题，能源地缘政治格局日趋复杂，新兴能源电力市场投资竞争激烈。同时，我国电力企业整体有序"走出去"水平有待提升，协同机制有待建立健全。为促进"走出去""一带一路"建设等顺利实施，中电联组织开展了电力企业"走出去"协同发展调研。该研究深入了解电力企业"走出去"现状，反映企业诉求，共享成功经验及风险应对策略，提出了建立企业内部、企业间、行业间协同机制、加强属地化协同合作等企业"走出去"协同发展的建议，对于进一步提升行业内外协同发展水平具有积极的借鉴意义。

实施"走出去"是党中央、国务院的重大战略决策。近年来，随着中国电力工业的快速发展，技术和管理水平不断提升，电力企业"走出去"步伐不断加快，特别在"一带一路"沿线国家和地区取得了丰硕成果。

"走出去"需要"走得出"，我国电力企业海外事业进一步高质量发展、突破特殊环境壁垒和抵御海外发展风险等方面也面临着众多困难和

---

[1] 中电联 2019 年重大调研课题

挑战。"走出去"更需"走进去"，谋求开放创新、包容互惠的发展前景，促进和而不同、兼收并蓄的文明交流，对我国电力企业国际化发展提出了更高要求。

一、"走出去"协同发展体系建设现状

"走出去"已经成为我国主要电力企业的重点发展方向，在协同体系建设方面，目前各企业的工作主要从三方面开展：一是制定战略规划，加强顶层建设；二是建立风险防控机制，提升风险防控能力；三是建立人才培养体系，储备国际化人才。

中国企业在"走出去"过程中逐渐摸索出来一些经验，这些经验主要包括：积极推动第三方市场合作；打造精品工程，促进当地经济社会发展；坚持规范运作，实现长治久安；坚持绿色环保，注重生态恢复，注重对当地生态环境的保护；开展本土化经营，实现互利共赢，尊重当地文化和习俗，充分履行社会责任。

二、"走出去"协同发展面临的问题

第一，国际形势变化给"走出去"带来不确定性；第二，电力企业"走出去"内部竞争激烈；第三，企业间协调机制、企业内部协调机制尚不完善；第四，金融支撑力度亟待提升；第五，电力标准国际化步伐滞后。

众多国际同业机构和先进企业长期致力于协同发展及其环境的营造。这些机构在企业内部协同、企业间协同、行业协同、政企协同及外部协同等多个层面进行了大量的探索实践，也从中积累了相当丰富的协同发展经验。深入研究海外同业机构及同业企业在协同发展方面的战略

部署和典型案例，有助于为国内电力企业的协同发展提供借鉴。

三、建议

（1）建立健全内部协同机制，进一步提升电力企业"走出去"能力。一方面充分发挥电力企业的规模优势，鼓励各公司积极开拓国际业务。另一方面，加强顶层设计，从集团层面建立公司内部单位和机构的合作协调机制，在项目开发、建设、运营过程中，充分发挥各分公司（子公司）的优势，实现优势互补，避免出现内部竞争的问题，从而提高项目开发效率和经济效益。

（2）建立企业间协同机制，带动更多电力企业共同"走出去"。我国电力企业中，一些集团"走出去"的时间早、规模大、效果显著，在"走出去"领域积累了丰富的成功经验，开拓了广阔的国际市场，是我国电力企业"走出去"的领先者，具有非常高的国际知名度。在协同发展方面，中电联应鼓励这些企业，充分发挥头雁作用，创新合作商业模式，带头建立企业间协调机制，在带动电网设备技术走出去的同时，也带动电源等更多电力企业一起"走出去"。

（3）借助政府及行业组织协调机制，营造"联合出海"新气象。随着"一带一路"倡议的实施，电力企业"走出去"不断深入，为提升竞争力，建议在国家层面上组建由国家发展改革委牵头，外交部、商务部、能源局、中电联、电力联盟、政策性金融机构、商业性金融机构、信用保险组织等共同组成电力行业国际合作协调机制，并成立相关协调管理机构。针对电力项目推介以及装备出口中存在的问题和困难，制定对策，定期协调，有效发挥国家外交、产业、财税等组合拳优势；同时从宏观上引领、协调各方面资源配置，科学引导电力企业海外各项经营活动，有效减少国际产能合作的盲目性，避免企业短期行为和过度竞争。建议电力企业充分借助政府、电力联盟协调机制，推动形成包括投融资、技术、装备、运维、品牌、标准、服务等在内的全产业走出去体系，营造"联合出海"的新气象。

（4）加强属地化协同合作，实现与东道主的互利共赢。一是坚持与当地政府、企业、社区共享价值的理念，营建与产业价值链、市场生态系统等相关方互利共赢的生态圈，力争获得多方资源支持，精准把握市场机遇；二是提升产业链集成能力，依托我国电力行业产业链优势，形成全球化运作架构和全球化经营布局，成为全球资源配置的重要力量；三是主动融入当地发展格局，坚持做"价值创造者""机会创造者"，不做"能源资源掠夺者"，促进企业与东道国共同发展，提升对区域能源资源的整合利用水平。

（5）加强中国电力国际宣传，提升中国电力整体国际形象。充分发挥中国电力企业在国际上的品牌影响力，积极参与国际能源治理体系，加强对中国电力产业和电力企业的国际宣传，引导国际舆论，讲好中国故事，提高国际市场对中国电力企业的信任度，消除带有偏见的负面认识和疑虑，提升中国电力企业的国际影响力。

（6）发挥东道国服务优势，建立共同应对合规风险机制。当前国际形势复杂，电力企业"走出去"过程中，在不同国家面临的风险大小和类型都有所不同。根据实际情况，选择所在国家的保险、法律、金融等其他服务机构，加强协同合作，更好地了解目标国家的政治、经济、市场、外交等政策，共同应对合规风险，保障项目顺利实施。

（7）中电联作为中国电力企事业的联合组织，应在全行业"走出去"协同发展中起指导作用，并向政府相关部门提出建议，聚集全行业之力，促进协同发展。

一是建立健全整体化"出海"协同体系，做好顶层设计。政府统筹保障、行业协会、联盟等组织资源协调运作，发挥"走出去"发展较好企业的"头雁"作用，带动电源、设备等更多电力企业一起"走出去"，打造"联合出海"高效运作体系。

二是建立电力海外投资信息咨询协同支撑体系。应建立由电力行业协会牵头组建的、由企业共同互助共建的电力行业海外投资信息协同支撑机制，系统性的构建电力海外投资信息支撑平台，助力行业海外市场拓展协同共赢。

三是加强并实现属地化大协同。主动融入当地发展格局，促进企业与东道国共同发展，提升对区域能源资源的整合利用水平，实现与东道国的合作共赢，形成利益共同体，实现更大范围的协同合作。

四是加强对"走出去"目标国家投资、政策、法律、法规、人文环境等方面的研究。由于国家间在政治、经济、法律、政策、文化等各方面存在差异，需要准确认识、把握、适应不同国家的投资环境，在经济全球化背景下，发挥我国电力企业竞争优势，在"一带一路"建设中寻求商机，规避风险。

五是强化规范化运作。根据实际情况，选择所在国家的保险、法律、金融等其他服务机构，加强协同合作，更好地了解目标国家的政治、经济、市场、外交等政策，共同应对合规风险，保障"走出去"战略实施。

课题组长　魏昭峰

主要成员　尤京　许光滨　王冬　刘冬野　刘坤　祝慧萍　吉星　齐娜　辛亚格

协作单位　中国电力国际产能合作企业联盟

新能源补贴拖欠问题及政策建议[1]

近年来，新能源补贴不能及时到位、补贴拖欠金额越来越大等问题突出，已影响和制约了新能源行业和企业的健康发展，并导致政府信用受损。为此，中电联组织开展了新能源补贴拖欠问题研究，深入分析补贴拖欠问题的根本性原因，提出了发行专项建设债、加快落实可再生能源配额制、加快建立电力现货交易市场、尽快出台存量可再生能源项目转平价操作细则、推广绿证交易等多方式多途径解决新能源存量项目补贴拖欠问题，以及加快新能源基础设施建设、统筹规划体系等促进新能源行业高质量发展的意见建议。调研报告报送国家相关部门供决策参考，并得到了相关部门的肯定。

一、新能源补贴概况

我国围绕新能源补贴出台了一系列政策法规。补贴机制总体呈现出由差价补贴机制向新电改下的市场竞价补贴转变、由政府型补贴向市场导向型补贴过渡的趋势。差价补贴机制，极大地推动了我国可再生能源市场规模化发展（见图1），但一方面带来了新能源补贴资金需求的逐年

---

[1] 中电联 2020 年重大调研课题

大幅攀升，另一方面固定电价水平难以及时反映市场和发电成本情况。因此，近两年政策逐步转向以发挥电力市场作用为主的市场竞争补贴机制，新增项目补贴采取"以收定支"的原则确定，再最终过渡到取消补贴推动平价上网，从根本上控制后续新增项目的补贴问题。

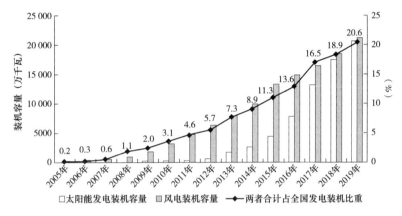

图1 历年风电、太阳能发电装机容量及比重情况

（数据来源：中电联）

针对之前差价补贴机制下存量项目存在的大量补贴拖欠问题，政府尝试通过"绿证"交易来代替补贴，但绿色证书交易认购强制力不足，自愿认购绿证带来的收益微乎其微，不足以弥补新能源补贴存量项目的补贴缺口。因此，需要对新能源存量项目补贴进行系统梳理，找出问题根源，提出有效解决存量项目补贴的政策性解决建议。

二、近年来新能源补贴存在部分问题

一是投产项目在较长一段时间内未纳入补助目录。纳入前七批补助目录的风电装机容量仅占2019年年底风电装机容量的66.0%；纳入前七批补助目录以及前两批光伏扶贫目录的太阳能发电装机容量仅占2019年年底太阳能发电装机容量的24.6%。从调研情况看，所调研的各家大型发电企业均反映了这一情况。

二是补贴不能及时到位，且拖欠缺口越来越大。一方面是纳入补助目录内的补贴拖欠额越来越大；另一方面是已并网但尚未列入补助目录的补贴拖欠额也越来越大。截至 2019 年年底，国家电网、南方电网、蒙西电网经营区纳入补助目录的新能源存量项目拖欠金额为 1464. 79 亿元（不含税，下同），未纳入补助目录的存量项目拖欠金额为 1808. 30 亿元，合计拖欠金额 3273. 09 亿元。

三是补贴退坡机制不完善等问题。上网电价补贴将逐渐退出，新能源电力将以市场化交易形式与传统电力同台竞争。但目前来看，上网电价补贴政策和全面无补贴平价上网政策之间还存在着一定的政策鸿沟。此外，可再生能源参与市场化交易价格低于燃煤标杆电价的情况下，财建〔2020〕5 号文与〔2016〕1150 号文的补贴方式存在较大差异，财建〔2020〕5 号文中电网企业收购电价、合理利用小时数等关键指标未明确。

三、新能源补贴拖欠原因分析

一是新能源装机规模远超规划，对补贴资金需求大幅增加。国家新能源发展规划目标与可再生能源基金规模脱钩；新能源核准权限下放地方后，部分地方由于招商引资等需要，导致地方超规划核准，同时，产业扶持政策弹性难以适应技术进步的超常发展，导致新能源发展规模远超规划。2017 年年底并网太阳能发电装机达到 1. 3 亿千瓦，仅用两年时间就实现了"十三五"规划的不低于 1. 1 亿千瓦的目标；2019 年并网风电装机容量达到 2. 1 亿千瓦，提前 1 年达到"十三五"规划不低于 2. 1 亿千瓦的目标，也相应带来补贴资金需求的快速增加。

二是新能源补贴资金来源不充足。电价附加收入是可再生能源补贴资金支出的主要来源。近几年电价附加收入增长远低于补贴资金需求增长，一方面是由于电价附加标准没有根据新能源发展情况进行调整，一直维持2016年以来的1.9分/（千瓦·时）（见表1）；另一方面是由于售电量增速远低于新能源的快速发展，2016—2019年售电量年均增长6.8%，低于同期新能源发电量年均增速22.5个百分点。2017年开始执行自愿认购"绿证"政策，但目前绿证交易量很小，对于减缓补贴资金压力的作用微弱。

三是电价附加征缴不到位。从2012年可再生能源发展基金成立之时起，由于自备电厂欠缴、少缴等原因，可再生电价附加实际征收率只能达到85%左右。

四是法律法规等配套体系不完善。我国已经形成以《可再生能源法》为主、部门性规章为辅的新能源补贴制度体系，有力支撑了新能源产业快速发展，但也存在制度体系建设较为滞后，缺乏弹性的电价上网制度，难以适应新能源电力的快速发展；电价附加机制未及时调整导致补贴资金缺口越来越大；补贴管理机制不完善导致补贴周期较长等问题。

表1 可再生能源电价附加征收标准

政策名称	执行起始时间	征收标准 [分/（千瓦·时）]	征收要求
关于调整华北电网电价的通知等7个文件	2006年6月30日	0.1	省级电网企业收取，单独记账，专款专用
关于提高华北、东北等刘地区电网电价的通知	2008年7月1日	0.2	
关于调整华北、东北电网电价的通知	2009年11月20日	0.4	

续表

政策名称	执行起始时间	征收标准 [分/（千瓦·时）]	征收要求
可再生能源发展基金征收使用管理暂行办法	2012 年 1 月 1 日	0.8	
关于调整可再生能源电价附加标准与环保电价有关事项的通知	2013 年 9 月 25 日	1.5	省级电网企业代征，收入全额上缴中央国库
关于提高可再生能源发展基金征收标准等有关问题的通知	2016 年 1 月 1 日	1.9	

四、新能源补贴拖欠带来的不利影响

新能源发电项目的电价补贴部分占新能源企业营业收入的 40%～70% 不等，电价补贴是新能源项目收入的重要组成部分，补贴滞后和不定时支付给新能源企业及其上下游产业带来多方面不利影响，主要体现在：

一是导致新能源企业现金流紧张，财务费用大幅上升。补贴拖欠导致大部分新能源企业账面处于盈利状态，但应收账款在总资产中的占比不断提高，经营现金流持续紧张，特别是第七批（2016 年 4 月）以后投产的新能源项目问题更为突出。为维持企业正常生产经营，保障资金链运转，新能源企业需要通过大量贷款来解决还本付息、计提折旧和日常运行维护等资金需求。拖欠的应收账款进一步抬高了项目的财务成本，带来新增的还本压力，企业负债率持续较快攀升。调研中有 13 个集团反映了这条不利影响。

二是影响到企业和社会资本投资新能源行业的预期和信心。从银行贷款情况来看，由于补贴较长时间的拖欠叠加政策的不确定性，新能源企业取得银行贷款难度增加，融资成本上升。从资本市场融资情况来看，部分新能源发电企业将应收补助资金作为抵押资产向资本市场融资，作为继续投资或运营的现金流来源，但新能源补贴长期拖欠，补助标准不断退坡，投资收益率不如预期，影响新能源企业评级，资本市场投资者对新能源失去信心；同时，补贴拖欠问题直接造成港股新能源运营商市净率长期低于1倍，估值难以修复，股权融资功能大幅削弱，部分在港新能源上市公司均被迫启动私有化进程。因此，补贴长期拖欠，带来新能源企业融资难、融资贵，企业运转困难，影响到企业和社会资本投资新能源行业的信心，对我国新能源发展战略和能源转型升级目标的实现产生较大影响。调研中有6家集团反映了这条不利影响。

三是"三角债"问题较为突出。补贴长期拖欠导致部分新能源投资运营商无力支付上游制造企业的设备费用，制造商为缓解资金压力，又将压力向上游零部件供应商传递，在新能源"抢装"之前的买方市场中，拖欠上游新能源设备制造企业的情况更为普遍。而在新能源抢装潮之后的卖方市场下，新能源项目招标量激增，使得重要配套设备市场供不应求，由此供应商大幅提高了设备预付款的比例，以大幅缓解供应商的资金链紧张问题，但同时也进一步加剧了新能源投资运营商由于补贴迟迟不到位情况下的资金压力问题。调研中有5家集团反映了这条不利影响。

四是补贴长时间拖欠影响到政府信用。新能源是在国家的背书下快速成长起来的，2006年以来，国家出台了《可再生能源法》，国务院相关部门按照有利于促进可再生能源开发利用和经济合理的原则，制定了以电价附加为主要来源的可再生能源补贴政策，对可再生能源发展起到了良好的促进作用。但大量新能源发电项目投运后长时间拿不到补贴，致使政府信用受损。调研中有3家企业反映了这条不利影响。

五、政策建议

建议从完善法律和政策体系、发行专项建设债等金融工具、健全配额制等市场化机制、加快能源电力系统转型、顶层设计规划等多方式多途径多渠道来解决新能源存量项目补贴拖欠问题，并推动后续新能源无补贴增量项目更好消纳和发展，促进"六稳"工作在新能源行业更好落实，保障新能源行业高质量发展。

（一）解决存量补贴拖欠问题的建议

一是坚持有法可依、信守承诺，提升全社会发展新能源信心。加快推动《中华人民共和国能源法》及行政规章、实施细则等配套体系的正式出台，修订完善已有《电力法》《可再生能源法》等能源领域单行法，通过政策法规等形式明确新能源存量项目补贴拖欠的客观性，并采取分批次、分重点、分先后对欠补企业进行补贴发放，树立社会发展新能源的信心和前景，保障新能源企业健康发展。疫情过后加大对自备电厂历年拖欠的可再生能源电价附加资金追缴力度，确保可再生能源附加应收尽收。

二是发行专项建设债，推动绿色信贷发展。以政策性银行或相关部门作为发行主体，分期发行政府、金融机构和企业三方联动、总规模约10 000亿元的债券品种，化解补贴欠账问题，维护政府信用。鼓励各类金融机构探索利用风投、私募、信托等金融工具，为可再生能源企业提供多元化的绿色融资渠道。

三是加快落实可再生能源配额制。理顺现行的相关环境权益交易机制，建立绿证交易和碳交易、核证自愿减排量（CCER）交易的衔接机制，并避免衔接机制对企业造成"双重征税"。将配额进一步物权化，作为银行的合格抵押品，提升其价值和流动性。

四是加快建立电力现货交易市场。落实好建立促进清洁能源消纳的现货交易机制，采取节能调度管理办法，落实可再生能源发电全额收购制度。完善电力辅助服务市场建设，并将其作为电力现货市场建设的有机组成部分。完善跨区域可再生能源电力现货交易市场建设，统筹省间和省内现货市场、现货市场和中长期交易的关系。

五是多种方式推广绿证交易。各级政府带头示范使用绿电、购买绿证，创造更多的绿证需求，培育社会绿色消费习惯，引导绿证市场进入良性循环通道。依据市场需求控制绿证的投放规模，通过调整绿证市场供需比，分批次发放绿证，合理调节绿证价格，逐步扩大绿证市场。优化居民用电电价结构，引导居民购买绿证。加快提高清洁能源消纳责任权重（配额比例），加大经济奖惩力度，让更多的电网企业、售电企业、大用户、自备电厂等市场主体扩大绿证的购买量，弥补存量补贴缺口。

六是尽快出台存量可再生能源项目转平价操作细则。在《关于积极推进风电、光伏发电无补贴平价上网有关工作的通知》（发改能源〔2019〕19 号）、《关于促进非水可再生能源发电健康发展的若干意见》（财建〔2020〕4 号）等文件的基础上，尽快出台对于存量项目转平价的操作路径、具体要求、优惠措施等相关实施细则，推动适合的存量可再生能源项目转为平价项目，改善企业经营，降低社会用电成本。

七是继续延续光伏项目增值税优惠政策，并对拨付的可再生能源电价附加补助资金不征收增值税。光伏项目增值税即征即退 50% 优惠政策于 2018 年年末到期后未再延续，该优惠政策取消后光伏项目增值税税率由 8% 左右攀升至 13%，加剧光伏发电企业经营困难，建议国家相关部门延续对光伏发电项目施行增值税即征即退 50% 的优惠政策，减轻企业经营压力。针对国家税务总局印发的 2019 年第 45 号公告，建议明确电网企业收到中央财政拨付的可再生能源电价附加补助资金不属于应税收入，不征收增值税。

（二）促进未来增量项目无补贴阶段新能源消纳和发展建议

一是加快新能源基础设施建设。加快特高压输电通道建设，保障在建特高压输电工程按期完成投产，推进计划中的特高压输电工程前期工作，持续提升新能源消纳能力。加快京津冀、长三角、粤港澳大湾区等重点区域新能源汽车充电桩基础和平台建设。加快多能互补系统、分布式发电、储能系统等智慧能源基础设施建设和相关技术研发。

二是加快推进能源系统转型，提高新能源消纳水平。加快灵活性电源建设，在技术方面制定灵活性燃煤机组技术标准和改造技术路线；在机制方面完善煤电灵活性改造和调峰辅助服务补偿机制，推进电力辅助服务市场化。大力推广电力需求响应，通过价格信号引导用户调整用电需求，减小电网调峰压力，促进新能源消纳；推动综合能源服务业态发展。

三是为新能源使用提供更好的场景支撑。例如，支持发行绿色专项债，发展城市智慧能源管理，以更好地消纳可再生能源。如对风电和光电提供调峰服务的煤电提供优惠信贷支持。鼓励消耗低碳能源的产品出口，为其提供更优惠的出口信贷服务等。积极引入境外绿色资金投入消纳低碳能源的项目或产业。探索为低碳能源城市争取专项资金和绿色金融的支持。

四是统筹规划体系。根据国家能源法律体系和能源战略，制定完善中长期能源发展规划，明确短期能源发展目标。统筹考虑各地区能源建设目标，做好各类电源协调规划。建立发展规模与电价补贴政策动态调整机制，充分发挥市场配置资源的作用。逐步构建涵盖发展、消纳、市场等多维度的能源规划综合评价体系。

课题组长 王志轩

主要成员 王益烜 吴立强 刘宇 叶静 米富丽 王倩

协作单位 中国（深圳）综合开发研究院银湖新能源战略研究中心